JN194013

オフィスから会社を変える

イノベーションが生まれる空間づくり

日本オフィス学会 編

はじめに

日本オフィス学会の誕生

　オフィスは最も普遍的な働く場であり、すべての経営組織体にとって不可欠な存在です。本社だけでなく工場や店舗や倉庫にさえオフィスは存在します。また、企業のみならず国、地方自治体、学校、病院に至るまでオフィスは例外なく存在するのです。そして、コロナ禍での在宅勤務に至るまで、さまざまなオフィス形態が出現しています。しかし、本学会設立当時はオフィスに関しての学術的な研究は少なく、いわば学術研究の1つの盲点でもありました。そこで、オフィスに関する基本的研究から理論や技術、実務的側面を広く研究すべきであるという見解から業界の代表者や有識者らが発起人となり1999年1月19日に日本オフィス学会が設立されました。ここにJapan Society for Office Studies（略称JOS）として海外にも類を見ないオフィスの学術研究団体が誕生したのです。

日本学術会議の協力学術研究団体として認められる

　以来25年にわたって、オフィスという物理的環境のみならず、オフィスワークそのものや、ワーカーにその研究対象を広げ、研究結果を発信し続けてきました。調査研究活動のための分野別部会の設置、会員の研究発表の場である年次大会の開催（第25回大会は、2024年9月7日早稲田大学にて）、年2回の学会誌発刊、年数回の研究セミナーの実施などを事業としております。そして、これらの成果が認められ本学会は、2014年7月24日付で日本学術会議の協力学術研究団体に指定されました。日本学術会議とは、我が

国の人文・社会科学、生命科学、理学・工学の全分野の約87万人の科学者を代表する機関です。この協力学術研究団体として認められたことを通じて、広く社会にオフィスの重要性や研究成果を発信できるようになったのです。その評価の1つが、16年間にわたって査読付き学術論文を学会誌に掲載してきた実績です。現在では、学会誌掲載論文が学位論文として認められる存在にまでなりました。

ますます高まるオフィス研究の重要性

　近年の情報技術の急速な発展とそれに基づく情報化の進展により、オフィス形態やオフィス業務の方法や仕組みなどが大きく変わりつつあります。新しい概念や方法論が次々と出現し枚挙にいとまがありません。オフィスの大変革が起こりつつある今日、オフィスとは何か、オフィスワークとは何か、働き方改革には何が求められるのかなどの研究がますます重要になってくるでしょう。日本オフィス学会は、オフィス研究調査の公的な発信の場として、今後もその役割を担っていきます。なお、研究発表は論文のみならず、たとえばオフィス環境、オフィス家具、文具などに関する新しい提案、設計、事例発表などを含んでいる点も特徴といえます。

オフィス学とは

　さて、日本オフィス学会では、このようなオフィスに関する問題意識から「オフィス学」という学問体系の構築に取り組んでいます。日本オフィス学会が構築するべき学問体系とは何か、あるいは、本学会に設置する研究部会の位置付けなどを視覚化するために、「オフィス学」の広がりを示すフレーム図を作成しています（**図1**）。この、「オフィス学のフレーム」は、本学会が研究対象とする「系」と「領域（キーワード）」による「横断性・結合性」を示しています。系は大きく、「KOTO（コト）」、「HITO（ヒト）」、「MONO（モ

ノ)」に分けられ、その中に12の領域（キーワード）が配置されます。そして、それらの系や、領域が織りなす編み目（交点）に具体的な研究対象（研究部会）があり（**図2**）、それらの研究の織りなす織物が学際的で総合的な本学会が標榜する「オフィス学」を表すと考えます。そして、本学会に設置される研究部会は、その交点を研究し、あるいは新たな交点を作り出しながら自らが所属する系を拡張していきます。つまり、このフレームは、固定的な専門性を示すのではなく、あくまで緩やかなプラットフォームであり、これらが拡張し変動することを否定しません。なぜなら「オフィスは生き物だから」です。オフィス学とは常に学際的でしなやかな研究対象なのです。

図1 オフィス学のフレーム Ver.3.0

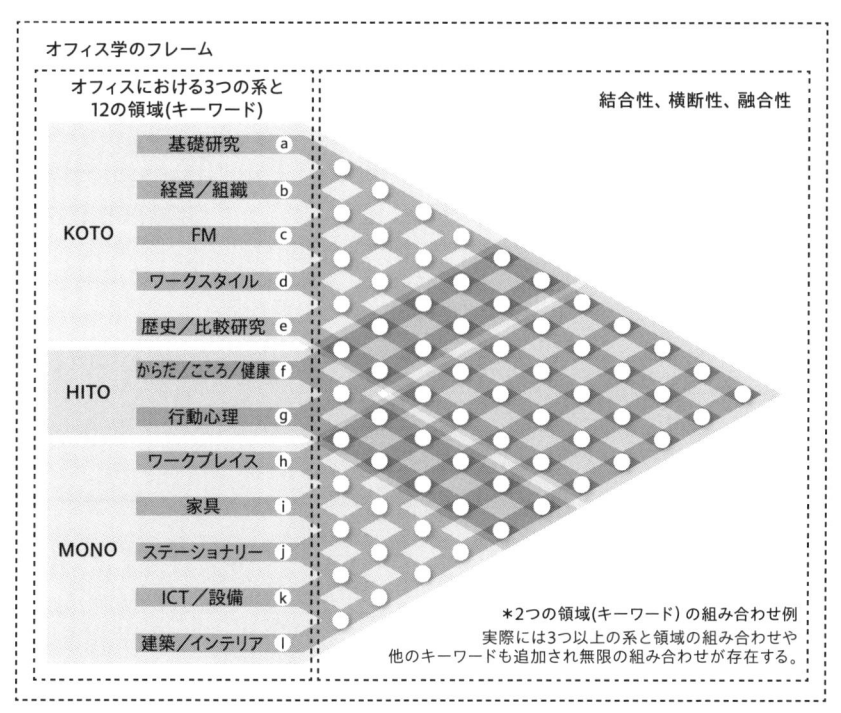

出典：日本オフィス学会HP（2022年10月）

図2 日本オフィス学会研究部会の歴史

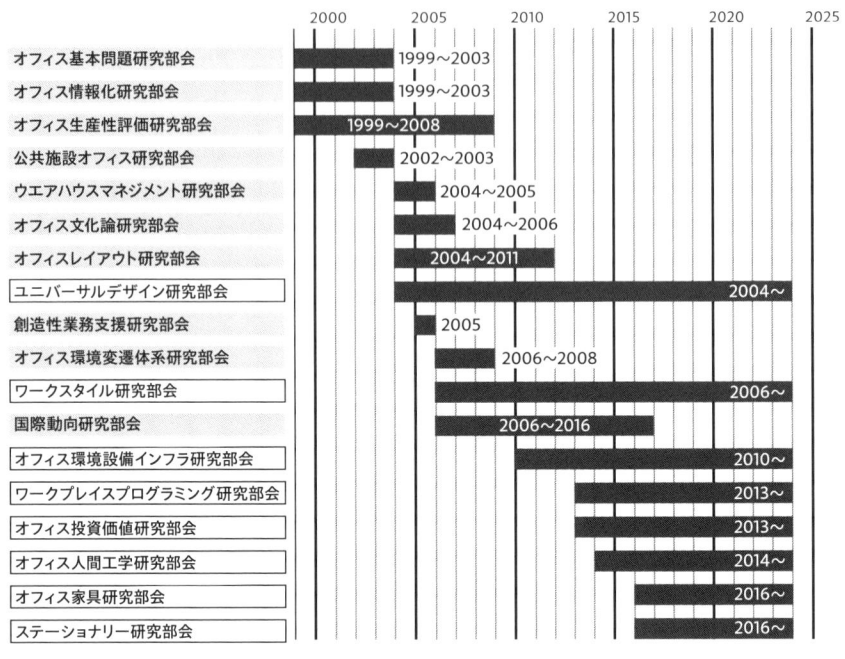

〈凡例〉
終了した研究部会 □ 現在継続中の研究部会

出典：日本オフィス学会HP（2023年5月）

オフィスから会社を変える

　本書はこのオフィス学体系の主に「MONO（モノ）」の系に注目し、オフィスという"場"についてまとめています。つまり、多様化し偏在するオフィス環境を含めそれを取り巻く環境技術、そしてオフィスを使いこなすための仕事の道具に着目することで、現在のオフィスを浮き彫りにしているのです。特に、最新のオフィストレンド（各論）を描き出しながらも、それに関連する学術研究として蓄積された学会論文の中から選りすぐりのトピックスをわかりやすく書き下ろしています。また、気になるキーワードやその出自などについて

もコラムとして面白くためになる解説を入れました。本書には、オフィス空間づくりそのものが会社を大きく変えていく、すなわち経営変革を導くさまざまなヒントが詰まっているのです。

本書の出版にあたり

最後に、本書を出版するにあたり、学会理事、会員および事務局のみなさま、また外部企業のみなさま、出版社の方々には多大なご貢献とご尽力をいただきこの場を借りて深く御礼申し上げます。そして執筆には学会のベテラン編集リーダーに加え、現業を抱える若き学会メンバーの努力なくして実現できなかったこともお伝えしておきます。

本書はオフィスについて関心のある一般の読者に幅広く読んでいただきたいと考えております。もちろん企業の総務部や人事部などで直接オフィス改革や働き方関連の業務に携わっている方々、また、新しい人財を魅了するための戦略的オフィス活用をと考える経営者の方々にもぜひお読みいただきたいと思います。そしてまた、オフィス関連の学問領域で研究活動されている大学等の先生方や関連学会の研究者、官公庁や地方自治体の職員の方々にも、手に取ってご一読いただけることを願っております。本書が日本の安全で安心な、そして健康で豊かなオフィス環境とイノベーションを生み出す新たな働き方改革の一助になることを心から願っております。

日本オフィス学会 会長

松岡 利昌

目次

序章

集める場所から、集まる場所へ

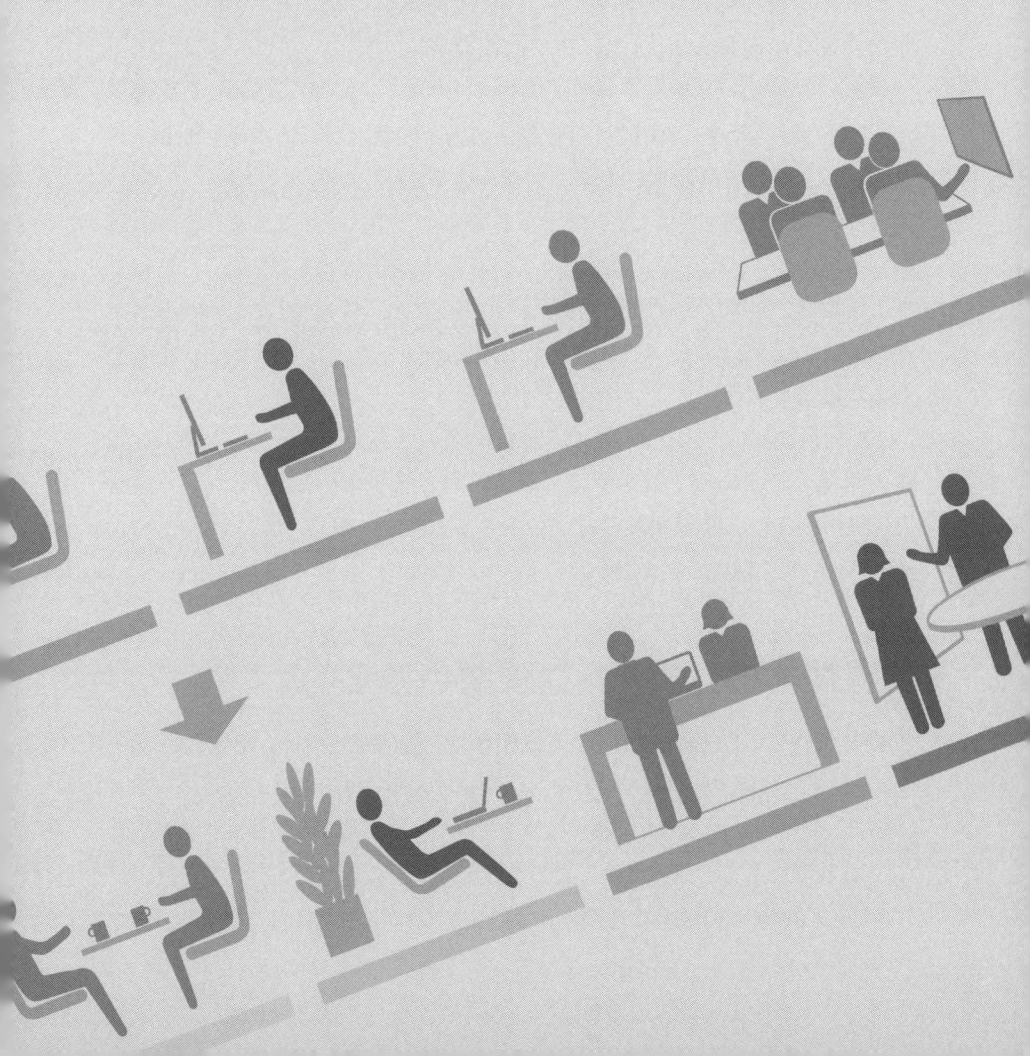

集める場所から、集まる場所へ

事務作業のために集められた場所

　ビジネス活動のために集められた従業員が、分業体制で情報処理を行い、その進捗を管理職が管理監督する。そうした事務作業を担う組織のための作業空間が、旧来のオフィスの典型的な姿でしょう。

　オフィスワーカーは配属された部署のメンバーとして、それぞれに自席が与えられました。扱う情報の多くは伝票・帳簿・書類などの紙媒体に記録・保存され、主な仕事は定型的なデスクワークでした。

　もちろん、会議室やコピーコーナーがあるように、デスクワーク以外の行為もあります。それでも、「席外し」という言葉が象徴するように、自席以外での活動は一時的なもので、常に自席に戻ることが普通でした。コミュニケーションツールとしてデスクに置かれた電話機も、そうした自席での作業を求めた要因です。

　そんなオフィス空間においては、情報伝達の経路に沿って席を配置し、組織の構造や指示命令系統を明確に表現する外観が求められました。その結果、我が国では、階層型の組織図をそのまま空間に転写したようなデスクレイアウトが長く続いてきました。

情報技術によるオフィス変革の始まり

　80年代には、PCをはじめとする情報機器の進歩とともに、オフィス・オートメーション（OA）と呼ばれるオフィス変革が広がりました。このキーワード「オートメーション」には、当時のオフィスワークの中心が「自動化」できそうな定型処理であると認識されていたことがうかがえるでしょう。その後、デスクトップ型PCが1課に1台から、2〜3人に1台、1人1台と増えるにつれ

て机上面の広い範囲を占め、PCワークとペーパーワークが併存するようになりました。

　こうした変化に対応して、家具分野では、配線処理のためのケーブル収納機能が付加されたデスクシステムや、PC作業時の身体を適切に支える人間工学に配慮したエルゴノミックチェアの開発が広がります。建築分野でも、電源やネットワーク整備のための配線を処理する床材や、PCモニターへの光源の映り込みといった作業環境問題を改善する天井照明器具などの導入が進みました。

情報通信技術の進化とビジネス活動の多様化

　90年代はビジネス環境が大きく変化した時代です。世界規模の規制緩和と情報通信技術（ICT）の進展とともに、ビジネスの舞台は変化と競争の激しいグローバル市場へ移行しました。モノづくりからコンテンツやサービスの提供まで、知識主導のビジネス活動が主流となっていくなかで、ICTはビジネスのインフラとなり、多くの分野でビジネスモデルの変革が加速しました。

　そこでは組織も仕事も流動的なビジネス環境の影響を受けることになり、そんな組織を収容し活動を支えるオフィスにも、組織や仕事の進め方の変化に適応する柔軟性が求められるようになりました。その課題は、コストダウンとバリューアップを両立することです。

　コストダウン面では、ビジネス活動の資源である空間・設備・道具の調達と運用を最適化すること、流動的な組織の変化とめまぐるしい技術の更新に迅速に適応すること、これらを効率よく適正なコストで実現することが重要でした。

　バリューアップとしては、場所と時間の制限にとらわれずに多様化するワークスタイルを臨機応変に支援すること、さらには、デジタル化する新たなビジネスモデルやワークプロセスを前提とした組織と仕事の変化や進化に対して、迅速かつ効果的な支援環境を提供することなどが求められました。

　こうしたニーズの変化に応じて、従来の標準的オフィス空間では不十分な機能を補うべく、「オルタナティブ・オフィシング」と総称される多様なソリュ

ーションが生み出されました。構築に時間と費用がかかる従来型オフィスの空間や運用に代わる（＝オルタナティブ）空間形式と運用手段の工夫によって、多様で変化の速いニーズに迅速かつ柔軟に対応しようとするものです。

　たとえば、個人や組織の専有領域（テリトリー）を規定しないノンテリトリアル。さまざまな活動（アクティビティ）の用途に特化した共用の空間選択肢を提供するアクティビティ・セッティング。必要な空間とサービスをホテルのように一時的に予約専有できるホテリングなど。

　これらには導入された時期や企業によってさまざまなネーミングやソリューションがありますが、共通するのは人と場所の1対1の関係が消えて選択可能になったことです。あらゆる作業を汎用型の自席で行うことが前提とされた空間から、作業に応じて適した場所を選んで働けるような空間への転換といえるでしょう（**図1**）。

　こうしてオフィス空間の構造が変わっていく一方で、外出時や移動中もネットワークにつながって仕事ができるようにもなりました。そこで、従来型の「オフィス」と、その外側の多様な場所も含めて、「ワークプレイス」という表現が使われるようになっています。

図1 汎用型自席から「適業適所」型支援空間へ

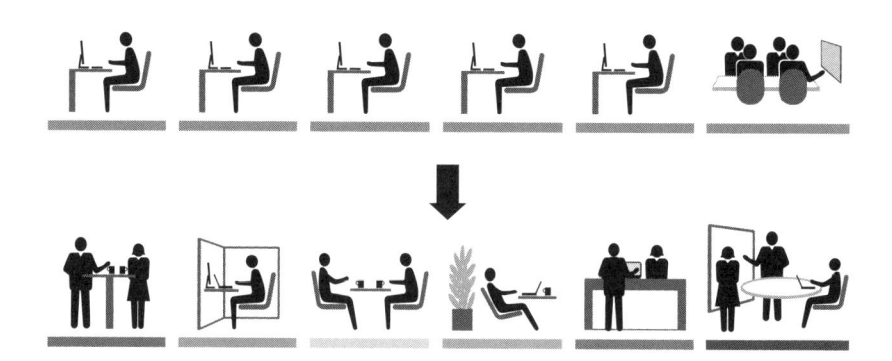

オフィスの役割の変化

　かつてのオフィスは紙媒体を使用し、ビジネス情報の処理と管理を効率的に行うための「情報処理工場」的なシステムの一部でした。標準化された業務フロー、そのフローに沿った組織構造、その組織を効率よく配置する空間といった関係です。

　そこでは、人は仕事を規定するシステムの一部として組織に属し、業務フローに定義された事務作業を担当していました。そして、オフィスの役割は、組織を配置する空間であり、人が担う事務処理のための作業環境であり、情報を保管する容れ物でした。

　しかし、情報技術の進化とともに働く場所が多様化したいま、分業的に情報を処理するためだけなら、オフィスワーカーは必ずしも集まる必要はないはずです。

　情報は電子化され、処理手順はデータとアルゴリズムによって自動化されつつあります。それらに指示や命令を与える情報処理ツールはアプリケーションやネットワーク・インフラになり、媒体は電子的なインターフェースとなり、どこからでもアクセスできます。コミュニケーションツールとしての電話機も各人が携帯可能です。ペーパーレス化が進み、書類キャビネットは消え、情報交換とコミュニケーションのチャンネルはネットワーク上に移行し、人や組織のつながりは物理空間の制限を超えるようになります。

　これからは、人が担うオフィスワークはかつてのような分業的な事務作業ではなく、協働型の知識創造が中心になるでしょう。新しいアイデアを生み出し、新たなプロジェクトを構想し、交流と対話を通じてさまざまな課題解決にあたるチームとして活動するわけです。

　このとき、仕事の成果はシステムの性能よりも、それを使う人やチームの能力に依存するようになり、物理空間としてのオフィスは、古いシステムの一部としての役割を終えることになります。効率的な事務作業のために人を集めて「組織を配置する」空間から、効果的な出会いと交流によって知識やアイデアを交換し、対話を通して思考・創造するコミュニティのための「機能を設ける」空間への転換です（**図2**）。そこでは、システムに従う他律的な働

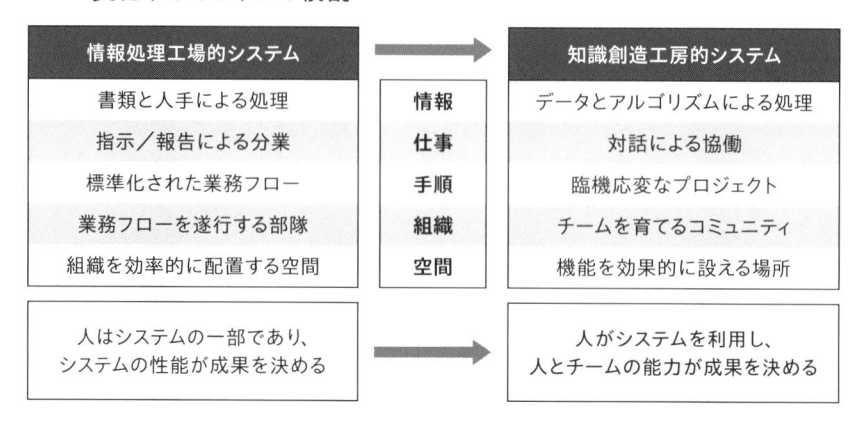

図2 仕事を規定するシステムから支援するシステムへ、変化するオフィスの役割

情報処理工場的システム		知識創造工房的システム
書類と人手による処理	情報	データとアルゴリズムによる処理
指示／報告による分業	仕事	対話による協働
標準化された業務フロー	手順	臨機応変なプロジェクト
業務フローを遂行する部隊	組織	チームを育てるコミュニティ
組織を効率的に配置する空間	空間	機能を効果的に設える場所

人はシステムの一部であり、システムの性能が成果を決める	人がシステムを利用し、人とチームの能力が成果を決める

き方から、システムを活用する自律的な働き方への転換が求められることになるでしょう。

意識と行動の変革を支える触媒環境

今日、「働き方改革」運動と、その後のコロナ禍を機に、働き方やオフィスのあり方に関わるいくつかの変化が起こっています。目立ったところでは、リモートワークをはじめとするワークスタイルの多様化や、情報とプロセスのデジタル化があげられるでしょう。ただし、こうした変化は実は目新しいことではありません。

多様な働き方のニーズに応える柔軟なワークプレイス戦略の構築や、ICTを活用したビジネスモデルと働き方の変革。どれもこれまで提案され求められてきたことです。いま起きていることは、足踏みしていた従来からの変化がようやく加速しているにすぎません。

さらに、AIの効果的活用や、人的資本経営への取り組み、ESG対応や健康経営などの社会的課題への対応まで、同時期に起きている新たな経営的課題への対応とも整合が求められています（**表1**）。

表1 今後のオフィス変革に影響する要因

パンデミックによって加速された従来変化への対応
・働き方の多様化（働き方改革の継続的推進） ・デジタル化（RPA、DXなどの継続的推進） ・イノベーション推進（オープンイノベーションなどの仕組み構築）
パンデミック自体への対応の見直し
・ハイブリッドワークへの移行（ツール＆インフラ整備、運用見直しなど） ・社会距離の調節（座席間隔・人数密度・利用状況把握など） ・行動変容の支援（消毒、体調モニタリングなど）
タイミングが重なる他の変革要因への対応
・AIの活用（ワークプロセス革新、ビジネスモデル革新など） ・人的資本戦略（DE&I推進、人材獲得、リスキリングなど） ・ファシリティ改革（ESG対応、ウェルビーイング支援など）

　これからのオフィスを考える際に重要なことは、「分散するか、オフィスに戻るか」といった議論ではなく、多様な働き方を前提に、オフィスの役割を再定義することでしょう。

　交流によって構築される人的ネットワーク。対話や共通体験を経て交換される暗黙的な知識。繰り返しによって身につく作法や技術。そして、それらの総体ともいえる組織文化。これらは、日々の行動を通して、自ら身を置く物理環境としてのオフィス空間と、そこに集う人々によってつくられる人的環境の双方から影響を受けて形成されていくものです。つまり、組織は自らつくったオフィス環境によって自身をつくることになるわけです。

　オフィスについての議論や課題解決を従来のように物理空間に求めれば、その視点はオフィス自体の効率化やコスト削減に向かうでしょう。そうすることはオフィスの部分最適にはつながっても、ビジネス全体の最適化につながるとは限りません。

　オフィスについて考えるときは、「空間の課題」ではなく、そこでの「意識と行動の課題」として捉えるべきです。その目指すところは、ありたい意識と行動の維持や変革を後押しすることであり、空間はそうした経営活動を支える資源の1つです。望ましいビジネス活動を持続させるために、知的活動を

効果的に支え、組織文化の醸成や知識創造の作法の浸透を促し、組織と人材の育成を助ける。人々の間に起こる化学変化を、望まれる方向に誘発する触媒のような場所、それがこれからのオフィスの重要な役割でしょう。

これからのオフィス変革の処方箋

　働き方とビジネス環境が大きく変化しているいま、それらを取り巻く多様な課題の解決策を探すうえで、オフィスについて考えることはさまざまな視点やきっかけを提供してくれるはずです。

　本書の1章では、今日の働く空間について、その成り立ちや役割の変化の動向から、そこでの行動に合わせた効果的な活用術まで、多様な視点から論じています。

　続く2章では、働く人々を取り巻く環境を制御し調節している技術について解説しています。これらは普段あまり意識されることがないものですが、実は日々の行動から経営姿勢まで、多岐にわたって関わっていることがわかるでしょう。

　3章では、日々使っている仕事の道具や家具に焦点を当て、その変遷から今後の行方まで、さまざまな視点から考えます。

　最後の4章では、これからの仕事・人・オフィスの行方について、議論のなかからいくつかの方向性を探ります。

　こうした内容が、読者それぞれにとっての課題への気づきや、解決に向けたヒントにつながり、オフィス変革の処方箋づくりの助けになることを願っています。

この本の読み方（使い方）

　この本は、第1章〜第3章で、その章の「**総論**」、関連する最新の情報である「**トレンド**」、関連するキーワード等の歴史的背景や関連動向の「**コラム**」、そして、日本オフィス学会誌で掲載された関連学術論文をわかりやすくリライトした「**論文紹介**」で構成されています。

　そして、第1章〜第3章の扉頁では、それぞれの章を構成する代表的なキーワードからなるキーワードマップが示されています。

　そこから、各章の全体像を把握することが可能となっています。

　各章は、通読なされてもよいですし、キーワードマップから興味を覚えた文章を探り出してもよいようになっています。

　また、そのキーワードが他のどの文章に結ばれているのか確認することも可能となっています。

第1章

変化する働く環境

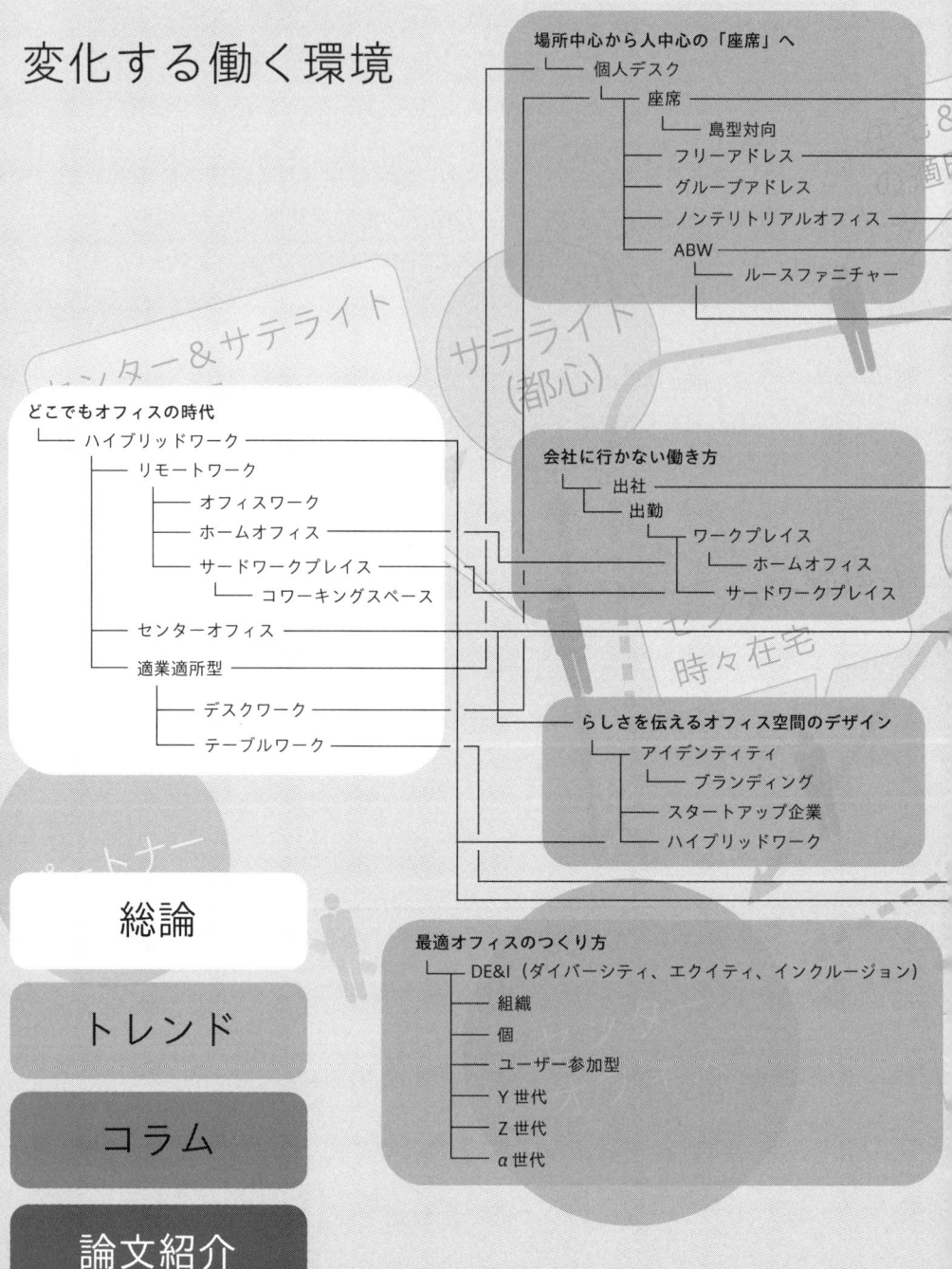

場所中心から人中心の「座席」へ
- └── 個人デスク
  - └── 座席
    - └── 島型対向
    - ── フリーアドレス
    - ── グループアドレス
    - ── ノンテリトリアルオフィス
    - ── ABW
      - └── ルースファニチャー

どこでもオフィスの時代
- └── ハイブリッドワーク
  - ── リモートワーク
    - ── オフィスワーク
    - ── ホームオフィス
    - ── サードワークプレイス
      - └── コワーキングスペース
  - ── センターオフィス
  - ── 適業適所型
    - ── デスクワーク
    - ── テーブルワーク

会社に行かない働き方
- └── 出社
  - ── 出勤
    - └── ワークプレイス
      - └── ホームオフィス
    - ── サードワークプレイス

らしさを伝えるオフィス空間のデザイン
- └── アイデンティティ
  - └── ブランディング
- ── スタートアップ企業
- ── ハイブリッドワーク

総論

トレンド

コラム

論文紹介

最適オフィスのつくり方
- └── DE&I（ダイバーシティ、エクイティ、インクルージョン）
- ── 組織
- ── 個
- ── ユーザー参加型
- ── Y世代
- ── Z世代
- ── α世代

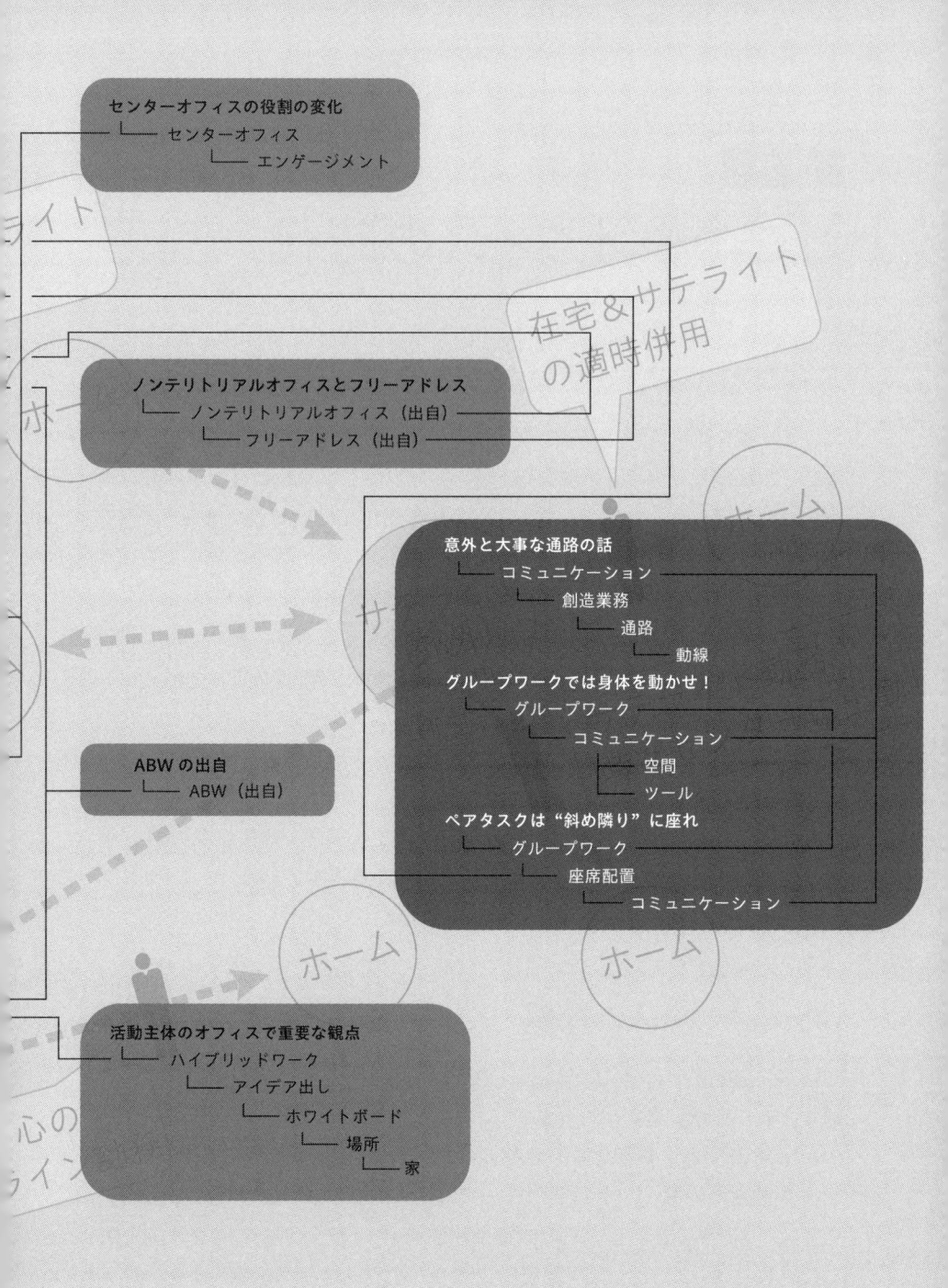

本章を構成するキーワードマップ

どこでもオフィスの時代

ハイブリッドワークの広がり

　コロナ禍を機に急速に浸透したリモートワーク。一時はもうオフィスは要らないとの論調が一部にありましたが、パンデミック収束後はオフィス回帰を求める声も聞かれ、実態としては各社各様の対応と模索が続いているようです。

　ただし、この数年の間にも業務プロセスや情報のデジタル化は進み、多様なオンラインツールとサービスが進化・普及するなかで、多くの人々が離れて働く経験を重ね、通勤時間の短縮やワークライフバランスの実現、独りで集中できる環境などを手に入れました。

　こうしたメリットを経験した後では、デメリットもあることを理解しつつも、元のような全面的なオフィス回帰は考えられないでしょう。オフィスワークとホームオフィス、そしてサードワークプレイスとも呼べる多様な選択肢をサテライト機能としてニーズや条件に応じて組み合わせるようなハイブリッドワークが広がるのは自然な流れでしょう（**図1**）。

ホームオフィスの課題

　ハイブリッドワークが広がれば、従来のセンターオフィス以外にもオフィス環境として配慮が必要になります。

　在宅勤務環境を整備する際の課題は、個人のPCワークやデスクワークのための空間の確保と、オンラインミーティングのための支援環境の整備に絞られるでしょう。ただし、その方策は住宅条件によって違ってきます。一般に住宅内にホームオフィス空間を確保する方法は、専用個室型、専用コーナー型、用途転換型に分けられます。

図1　多彩なハイブリッドワークのスタイル

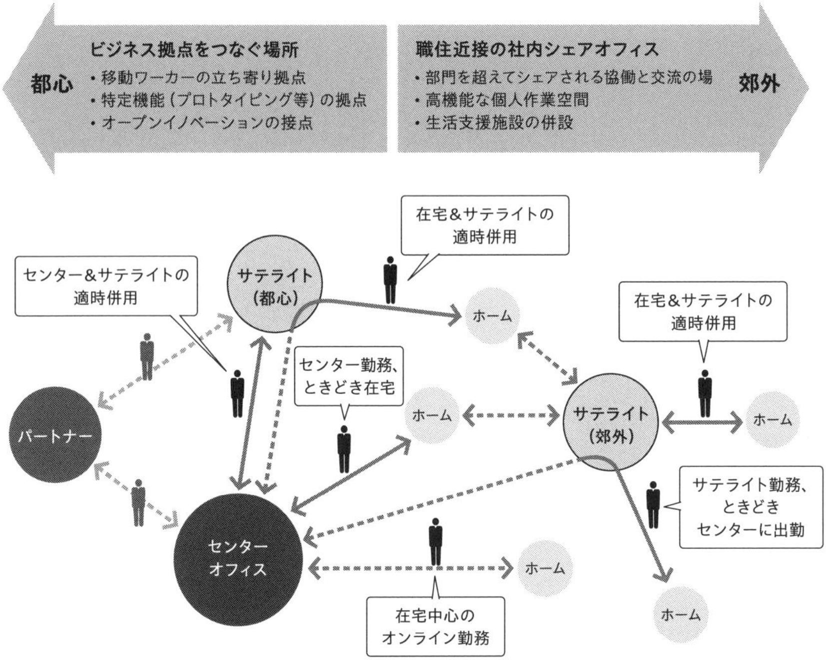

専用個室がある場合は、仕事に適した家具の導入から照明環境の整備ま
で、柔軟にカスタマイズが可能です。在宅勤務の頻度は会社のルールや個
人の事情によってさまざまですが、フルタイム並みにほぼリモートワークとい
う利用頻度であっても対応できるでしょう。

　他方、リビングルームなどの一角に設ける専用コーナー型や、ダイニング
テーブルなどを一時的に利用する用途転換型の場合は、使用時の作業面や
プライバシーが十分に確保できるか、非使用時の道具や資料の収納場所が
準備できるかが課題になるでしょう。

　どのタイプにも共通する課題としては、PC および周辺機器のための十分
な電源確保とネットワーク環境の整備が重要です。また、オンラインミーティ
ング時の音響対策（屋外音、生活音などの遮断）やカメラ映像の背景と照

明対策（人物の背景色、プライベート空間の映り込み防止、顔面への照明など）も重要です。もちろん、ネットワークと物理環境、両面のセキュリティ対策も不可欠です。

多様なサードワークプレイス

　従来型のサービスオフィスやレンタルオフィスに加えて、コワーキングスペースや法人向けのシェア型サテライトオフィスまで、サードワークプレイスとしては多様な選択肢が充実してきています。大別すると **表1** のように分類できるでしょう。

　従来からあるコワーキングスペースの主な利用者は、フリーランサーや小規模事業者でしたが、そうした傾向にもコロナ禍を境に変化がみられるようです。具体的には、オープンスペースよりもクローズドオフィスに、短期契約

表1 サードワークプレイス系施設の役割

刺激と交流を支える シェア環境	入居者同士のつながりを生む ビジネスコミュニティの醸成を支える施設
個人向けの立ち寄り拠点	フリーランサーのタッチダウンスペースとして、 多様な作業席を提供する場
法人メンバーの サテライト拠点	社員テレワーカー専用のタッチダウンスペースや ミーティングスペース
組織の外とつながる場所	オープンイノベーションの促進を期待し、 多様な利用者に開かれた場所
ビジネス拡大のための 前線拠点	ベンチャー企業などを期間限定で入居させる インキュベーションの拠点
プラットフォーム環境としての オフィス	空間からコミュニティまで、サービスパッケージ としてオフィス環境を提供する施設

から長期契約に、そして、より多人数を収容できる広い区画を、といったニーズの変化が起こっています。大企業が固定費を削減し、ワークプレイスのポートフォリオをより柔軟にするための受け皿として、コワーキングスペースが注目されているという調査もあります。

　サードワークプレイスを分散ワークプレイス戦略に活用するなら、図1にみられるように、都心と郊外の両方にサテライトオフィスを置くことが望ましいでしょう。それぞれの立地に合わせて、都心側はモバイルワーカーの立ち寄り拠点や事業パートナーとの交流拠点、郊外側は居住地に近い社員のシェアオフィスとして活用できます。個人のホームオフィスでは不十分な高機能な個人作業空間やミーティング空間を備えたり、近隣に住む社員同士の部門を超えた交流の場としても有効でしょう。個人宅では不安が残るセキュリティ対策上も有利といえます。

センターオフィス空間の再編

　働く場所の選択肢がオフィスの外に広がり、リモートワークが定着するにつれて、センターオフィスへの出社率は下がり、そこでの活動は場の共有が必要な仕事や、高い集中を要する仕事へと移行していくでしょう。オフィスワーカーの活動が複数の拠点に分散されることになり、それに伴って行動と空間のマッチングを点検し再編することが求められることになります。

　最も大きな影響を受けるのはセンターオフィスの構成で、主な変化の方向性としては、個人作業の場が分散化する一方で、共同作業や交流活動の場は集合拠点に置かれることになります。そうした変化のイメージを一覧化してみました（表2）。

　デスクワーク・エリアにおいては、これまでオフィスの中心を占めていたオープンなデスク空間が減少する一方で、必要時に集中作業の行えるクローズドな小規模空間のニーズが高まるでしょう。また、移動の多いモバイルワーカーが立ち寄るためのタッチダウン空間にも一定のニーズがあると想像されます。

　テーブルワーク・エリアにおいては、従来型のクローズドな会議室に加え

アクティビティ		エリア／セッティング	面積再配分の方向
集中	デスクワーク・エリア	**フォーカス（個人作業に集中できる空間）** ・個室空間：集中ブース、フォンブース、 　ウェブ会議ブースなど ・静寂エリア：クワイエットルーム、ライブラリー席など	高集中空間の充実
		タッチダウン（短時間利用の一時的な個人作業拠点） ・短時間作業席：カフェテーブル、ソファ、 　窓際カウンターなど ・荷物等置場：モバイルロッカー、コートハンガー、 　クロークなど	一時利用の作業席と共用ロッカー等増加
対話		**オープンデスク（個人作業とコミュニケーションが併存）** ・専用席：島型対向デスク、パネルブース席、 　管理職用席など ・共用席：グループアドレス席、フリーアドレス席など	テレワーク拡大に伴う機能分散と共用化で、総面積は縮小
協働	テーブルワーク・エリア	**オープンミーティング** **（いつでも使える柔軟な打ち合わせコーナー）** ・オープン型：テーブル&チェア、 　カウンター&スツール、ソファなど ・半オープン型：ファミレスブース、やぐら型ブースなど	オンライン対応機能充実 形式バリエーション増加
		クローズドミーティング **（用途に応じて選べ、ツールが揃う会議室）** ・中規模会議室：一般会議室、クラスルームなど ・小規模会議室：ウェブ会議室、1on1ブースなど	テクノロジーによる拡張
交流		**コラボレーションハブ** **（プロジェクトや部室など、チーム活動拠点）** ・オープン型：フレキシブルな家具&ツール、 　PJブースなど ・クローズド型：プロジェクトルーム、ワークショップルームなど	小規模個室が増加し、総面積は拡大
寛ぎ	ソーシャル・エリア	**サービスハブ** **（支援サービスを集約したセルフサービススポット）** ・業務系：プリントステーション、ステーショナリー、 　ライブラリーなど ・厚生系：飲食自販機、ドリンクカウンター、パントリーなど	デジタル化によりリアルサービス減少
		ラウンジ（休憩・回復、出会いと交流を促す場） ・交流系：リフレッシュエリア、カフェ、食堂、 　イベントエリアなど ・回復系：エクササイズエリア、仮眠ブース、 　瞑想室など	厚生系サービス&スペース充実
社交		**レセプション（訪問者に対応し、ブランディング媒体となる場）** ・応対エリア：エントランス、待合ロビー、 　応接会議エリアなど ・付帯設備：クローク、ディスプレイ、ギャラリー、 　セキュリティゲートなど	カジュアルな仕事空間およびイベント空間として機能強化

て、柔軟に使えるオープンなミーティング空間や、チーム活動の拠点となるプロジェクトルームなどの占有空間へのニーズが高まるでしょう。

　ソーシャル・エリアは多様な交流活動の場となります。集まる意味が見直されるなかで、わざわざ立ち寄りたくなるような居心地が良くサービスの充実した魅力ある空間が求められるでしょう。この場所は、個人作業や共同作業の合間の寛ぎや、行動の切り替え拠点としても重要な役割を果たすことになります。

　併せて、これらすべてのエリアにおいて、リモートオフィスとつながるオンライン・コミュニケーションのためのモニターと音響機器や通信インフラの整備、それらを快適に利用するための照明や音響環境の整備も重要な課題でしょう。

　ここでの空間再編のポイントは、集まることを前提として全員のデスクを並べる「組織を配置」するオフィスから、想定される活動に応じて用途空間を整備する「機能を配置」するオフィスへの転換です。

ワークプレイスとしての都市へ

　ここまでみてきたような仕事や活動の変化を環境面で支えるためには、行為や作業に応じて適切な場所を選ぶ適業適所型のワークスタイル（ABW：Activity Based Working など）に合ったワークプレイスが都市全体に整備されることが重要でしょう。場所によって減る仕事／増える仕事に応じて、活動と場所を適切にマッチングさせる選択肢を提供し、「結集するチームの求心力」と「自律する個人の遠心力」の新たなバランスを支援できる仕組みづくりが求められます。

　こうした仕組みを実現するためには、都市のさまざまな機能を活用して、プラットフォームとなるようなワークプレイスの構築が有効でしょう（**図2**）。これまでのオフィスはもともとデスクワーク・エリアがメインで、テーブルワーク・エリアが少し備わった、組織の活動拠点でした。これからは、ハイブリッドワークの広がりとともに、デスクワーク・エリアはリモート拠点も含めて分散し、集まる場所としてのオフィスの中心はテーブルワーク・エリアになっ

てくるでしょう。組織拠点としての従来型のオフィスから、活動に応じて用途空間を使い分ける適業適所型の拠点へと移行していくわけです。

さらに、リモートワーク主導でメンバーがリアルに対面する機会の少ない組織や、組織を超えて多様なメンバーで構成されるプロジェクトチームにとっては、ソーシャル・エリアの重要度も高まるでしょう。ただし、これらの空間のしつらえは特にオフィス風である必要はないし、すでに都市に備わっている施設の機能とサービスを、必要に応じて活用する方が合理的な場合もあると思われます。

また、経験の浅い若い世代や、組織に新たに加わった新しいメンバー、新たな課題に挑もうとするチームのメンバーにとっては、知的刺激が得られ、学習を支援してくれるラーニング・エリアとしての役割も重要でしょう。人への投資の一環を担うプログラムとともに重要な課題です。

働く人が分散すれば、その人の心身と活動を支える空間やサービス資源のニーズも分散することになります。つまり、働く場所が要らなくなることはな

図2 都市を活用するワークプレイスのイメージ

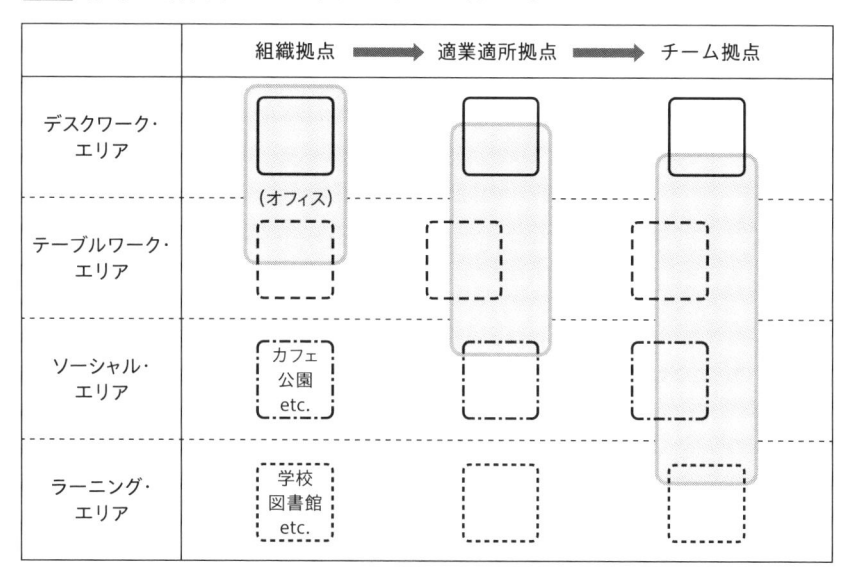

く、むしろどこにでも、オフィスとしての役割を担えるような空間・道具・サービスを提供する仕組みが求められるでしょう。

　気軽に移動できる範囲内に、ワークとライフを支えるさまざまな空間とサービスがコンパクトにまとまり、ひとりでもチームでも臨機応変に働く場所を選ぶことができる。そんな仕組みが都市の中に組み込まれ、柔軟なワークプレイスとして機能するような環境の実現が望まれています。

コラム1

センターオフィスの役割の変化

　コロナ禍を経て、働き方は大きく変化しました。働く場所や時間が拡散・流動化し、オフィスは必ずしも毎日決まった時間に訪れる場所ではなくなりました。これまでの働き方は見直され、最も生産性が高くなる「場所」「時間」「相手」を自己裁量によって選択する、ABWの働き方がより進化し、広がりをみせながら多くの日本のオフィスワーカーに定着してきたように思います。

　こういった働き方の大きな変化に伴い、センターオフィスの役割も大きな変化を遂げてきました。

　個人は分散して働いても個々の強さを維持しつつ、集まれば組織として最高のポテンシャルを引き出せるような場所として、そして、これから先も常に変化していく働き方に対応できるような柔軟性を持ちながら、人が集まることのできる重要な場所として、センターオフィスの役割が変化し続けているといえます。

　以前は、当たり前に「集まって生産性を高めるための業務を遂行する場」だったセンターオフィスから、「分散して働く中での1つの選択肢の場として、出社することの価値を最大化する多様な機能を持った場」へと変化を遂げる傾向にあります。

　広がる環境を、「場所」と「活動の目的」の2軸で捉え、場所（集合⇔分散）を横軸に、活動の目的（業務遂行⇔関係構築）を縦軸に取ったマトリクスの中で、以前までは右上の「集合・業務遂行」にマッピングされていたセンターオフィスはそれぞれの企業の特性に応じて、4つのベクトルに引っ張られそのカタチを変化させてきました。オフィスの役割／カタチの回答は1つではなく、より企業により個別化された回答が求められる時代になってきたと言えます。

　この「企業により個別化された」傾向は、センターオフィスをよりオーダーメイドなものに変化させてきました。たとえばいくつかの例をあげます。

　まず1つの例として、分散して働くことが組織力や会社へのエンゲージメントの低下につながることを課題としている企業があったとします。その場合、マトリクスの横軸「集合」と縦軸の「関係構築」に改めて着目し、"ここでしか"できない、集合／関係構築を強化し、集まるということを力に変え生産性を向上し、新たなイノベーション

を生み出していくことのできるオフィスこそがセンターオフィスの役割となります。通路幅を広く取り、コミュニケーションを促す場を周囲に設ける、居心地の良いインテリアデザイン等の工夫を各所に散りばめたオフィス空間が構築されるでしょう。また、もう1つの例として、分散して効率良く働くことこそ生産性に貢献するという企業があったとします。センターオフィスは縮小化し、リアルとオンラインが混合されたハイブリットな働き方を前提とし、ウェブ会議を始めとしたつながるためのICTツールを駆使したコミュニケーションの場を各所に設けたオフィス空間が構築されるでしょう。

　こういった例のように、センターオフィスのカタチがより複雑化し、個別化が加速していく時代、「センターオフィスの役割」というものを1つに定義することは難しく、各企業の個別解が必要となってきます。またその個別解も常に変化するため、センターオフィスのカタチは、変化する働き方に柔軟に対応可能な作り方であることも重要な要素となります。

　働き方には企業ごとに重要視されている活動やそれに醸成される企業文化が詰まっており、オフィスにはそれが自然と表現されています。センターオフィスの役割、そしてその環境を見直し続けながら構築していくことは、今後もこれまで以上に各企業にとって経営戦略の根本を担う大きな意味を持っていくと考えられるでしょう。

これからの「センターオフィス」に求められる4つのベクトル

広がる働く環境を「場所」と「活動の目的」の2軸で捉える

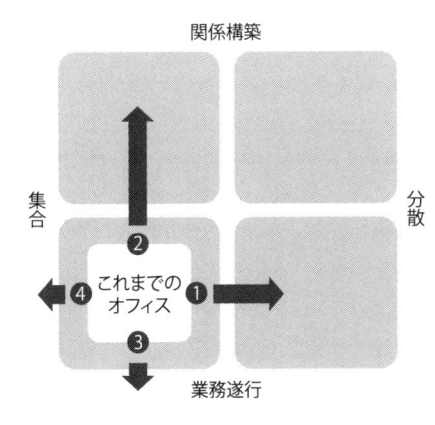

❶ 集合と分散のシームレスなつながりを強化

❷ オフィスでより業務の生産性を上げる

❸ ワーカー同士の意識を高め、より深い接点を生み出す空間

❹ 分散では実現できない高品質なデザイン

場所中心から人中心の「座席」へ

座席からの解放

オフィスの中で、ワーカーが一番長く滞在している場所はどこでしょうか？

おそらく自席と呼ばれている個人デスクではないでしょうか。ここではオフィスにおいて個人が働く特定の場所を「座席」という観点から取り上げていきます。

従来、オフィスワークの中心は分業型の情報処理でした。情報の多くは紙の書類に記され、仕事の多くは各人が分担する個人作業でした。そのための場所が各人の自席です。もちろん、会議室やリフレッシュコーナーがあるように、自席でのデスクワーク以外の行為とそのための場所もオフィスにはありますが、作業場所の中心は自席でした。

この各人の自席であるデスクの決め方や配置にも特徴があります。日本では、従業員を役割に応じて組織化し、業務の円滑的な遂行や指示命令系統を明確に表現しながら、面積効率も良い配置が求められました。それが「島

図1 階層型組織を配置した島型対向のデスクレイアウト

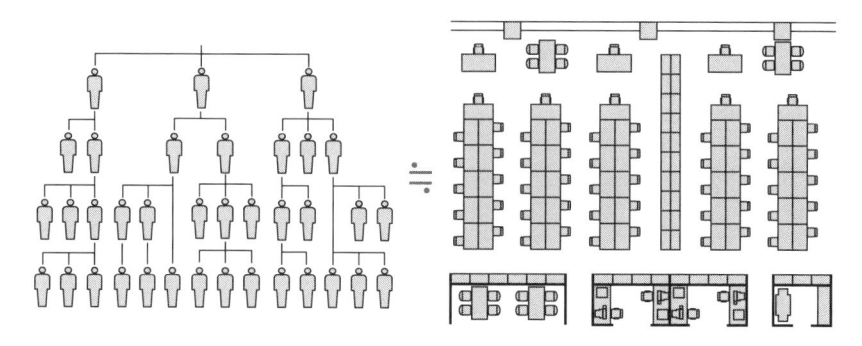

型対向」などと呼ばれる「組織を配置する」デスクレイアウトです（**図1**）。部長や課長などの管理職席が窓側にひな壇のように並び、一般職の席の固まりが配置され、私たちはオフィスの中で自分の席を固定して働いてきました。やがて、この固定された座席にも変化が訪れます。

　通信環境やPCやスマートフォン、タブレットの機器などITの進展によって、私たちは仕事上では物理的なモノに拘束されることがどんどん減ってきました。上司や部下などワーカーたちが離れた場所にいても必要な情報を取得し、共有できるようになったこともあり、部署単位で各自の席を固定化する必然性が少なくなりました。そうして、気づけば「固定席」ではなく「自由席」にする座席の運用が増え始めました（**表1**）。

座席のカジュアル化：ルースファニチャーの誕生

　選択型の共用空間の誕生によって、ワーカーたちはより自由にオフィスの中を動き回るようになり、自席以外にさまざまな場所を使用して働くことになります。オフィスの中で従業員が常に1つの座席（デスクとイス）に滞在する

表1 座席運用形式の代表例
（関連コラム「ノンテリトリアルオフィスとフリーアドレス」、「ABWの出自」を参照）

フリーアドレス	個人のデスク席を固定せず、複数人で共有する運用方式。人数より席数を減らして面積削減策とすることが多く、部署を越えた交流が期待される場合もある。
グループアドレス	課やグループなど、部署ごとのデスクエリアを固定しながら、各エリア内の席をメンバーで共有する運用方式。同部署のメンバー同士が近くに着席することになる。
ノンテリトリアルオフィス	部署メンバーが固定席を持たず、各種用途空間（デスク席、集中作業席、打ち合わせテーブル、ソファ席など）を組み合わせたエリアを共有する空間形式と運用方式の組み合わせ。
ABW（アクティビティ・ベースト・ワーキング）	さまざまな活動（アクティビティ）に応じて、それぞれに適した場所や時間を選ぶ働き方。活動場所はオフィス内の各種用途空間だけでなく、自宅やサードプレイスも含まれる。

ことが減ると、使用時間が短くなったため、家具に対して長時間作業のための高性能・多機能が求められなくなりました。

　このような働き方の変化から、従来のオフィスファニチャーに、形や色、素材など柔らかい意匠と造形を備えたカジュアルな家具が増えていき、「ルースファニチャー」と呼ばれるようになります。オフィスの執務スペースにソファやスツール、ファミレスでお馴染みのベンチなど、まるでカフェや自宅のような家具が配置され、フォーマルだった多くの座席がカジュアル化しているのです。

　これらのカジュアル化の一番の背景にあるのは、ビジネス環境の変化ともいえます。オフィスワークが情報処理型から知識創造型へと移行したことで、企業にとって新たな価値を生み出すアイデアの創出が重要となり、オフィスは事務作業よりもコラボレーションの場としての役割が期待されるようになりました。そのため作業の効率性だけを求める今までの画一的な空間ではなく、ワーカーたちのコラボレーションを促進するための空間が強く求められるようになりました。たとえば、それぞれのアイデアや意見を出し合うワークショップなど、よりワーカーのクリエイティビティを創発するため、家具やツールに可変性や柔軟性を持たせたり、またカフェスペースのように飲食を介して会話が弾むようにリラックスできる快適性をもたらすなど、効率性とは異なる機能が重視されるようになりました（**図2**）。

図2 居心地の良いカジュアルなワークスペース

　さらに、ここ数年は働き方改革やコロナ禍の影響により、在宅ワークをはじめとしたリモートワークの台頭がカジュアル化へのニーズをさらに高めました。仕事と暮らしの境界線が曖昧になりつつある現代の働き方において、ワーカーがオフィスに対して、家にいるような「居心地の良さ」も重視する傾向が強まったからです。

座席の多様化：ABWの浸透

　オフィスの中で固定していた座席が自由となり、フォーマル一色だった座席に対してカジュアルな座席が追加され、オフィス空間にはさまざまなタイプの座席が存在するようになりました。現代の多様な働き方に対しては、単なる自由席やカジュアル席だけでなく、座席に「選択肢」があることが重要な要素になります。

　そもそも私たちは、1日の中でも、いろいろな仕事をしています。メールやチャットへの対応、企画書や提案書の作成のような集中思考業務、データ処理、書類チェックなどの個人業務、他部門とのコラボレーションなど、内容や目的も多種多様です。また人間である以上、その体調や気分も日々変化するものです。そして、ハイブリッドワークが浸透し、オフィス以外の場所で働く機会が増えました。

　ワーカーがそのときどきの目的や状況に合わせ、パフォーマンスを出すために場所（つまり座席）を主体的に選択して働くことが求められる時代になりました。近年、企業がABWの運用方式を取り入れるケースが増えたのも、こうした多様な働き方の実現を目指すからです。実際、日経ニューオフィス賞に応募・受賞するような先進的オフィスといわれるオフィスに占めるABW対応オフィスの割合は増加傾向にあり、特に2017年以降にその傾向が顕著で、2022年時点では約3割のオフィスが導入しています（**図3**）。

　ただし、こうした傾向だけを見るのではなく、ワーカーの職種や業務内容の特性に応じて考えることも必要です。特にコロナ禍後では、多くの企業で「グループアドレス」「フリーアドレス」など固定席以外を望む人の割合が増えましたが、座席の運用方法を考える上では、ワーカーの業務特性を考慮す

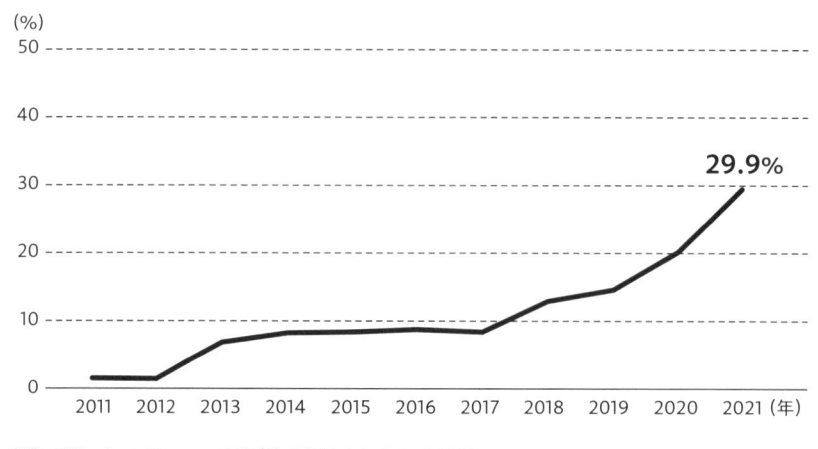

図3 ABWに対応したオフィスの割合の推移

出典：Office Data Report 2022（株式会社オカムラ、2022）

ることが大切になってきます。設計・開発、事務など、比較的デスクワークが多いと想定される職種では固定席を望む人が多くなります。また、社外の人と協力する機会が多いと想定される、営業・販売、企画・マーケティングなどの職種では、固定席以外のニーズが高くなります。

人中心のどこでも座席化へ

　働く場所を選択するABWのような働き方は、個人やチームに対しても良い影響を与えることが期待できます。

　ワーカーが働く場を選ぶことは、より主体的・能動的に行動することにもつながります。働く環境を主体的に選ぶことを通して、「その仕事を何のために行うのか、どんなやり方が効果的なのか」を必然的に考えるようになるからです。また、人間は主体的な行動をとると、それによって生じる結果に対して自分が責任をとろうという意識が生まれ、失敗しないようにいろいろな工夫をこらします。このように、主体性が活かされることが仕事の生産性の向上に結びついていくことが期待されます。調査によると、ABWを実践する効

果として、「集中できる」「仕事の効率が上がる」ことを実感しているワーカーは半数以上にのぼっています。

そして、何よりワーカーの満足度が高いことも特徴です。実際、ABWを導入している企業のワーカー1000名への調査では、「働く場所の選択肢が設けられていることに満足しているか」という項目に対して、９割弱のワーカーが満足していました。同様に、「今後もABWのような働き方で働くことを希望するか」に対しては、実に９割を超える人が「希望する」と回答しました。現在、ABWは個人とチーム双方での仕事に対して良い影響を与えるだけでなく、働き方として好まれ、受け入れられていることがわかります。

今までオフィスで働く私たちの働く環境は、場所ありきの座席でした。これからは、特にナレッジワーカーについてはオフィス内外に関わらず、人が移動した先、つまり、その人が働く場所として選択した場所が座席となります。まさに人を中心とした「どこでも座席化」が起こるとともに、そのような新しい座席による働き方がワーカーの成長にもつながるのです。

図4 ABWの実践により実感された効果

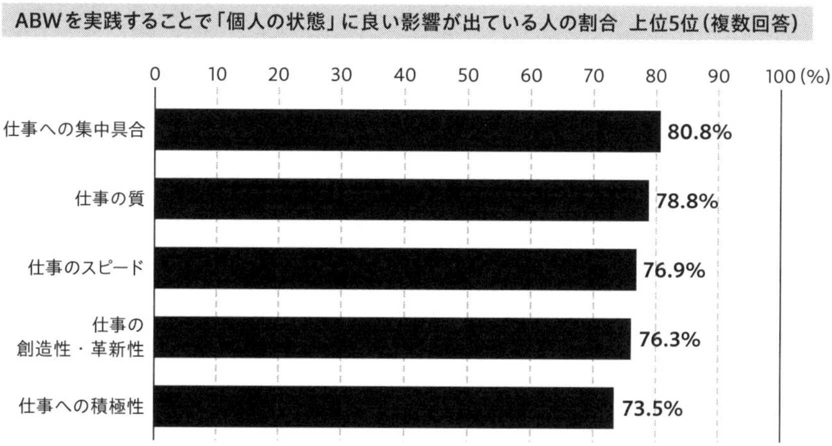
ABWを実践することで「個人の状態」に良い影響が出ている人の割合　上位5位（複数回答）
0
10
20
30
40
50
60
70
80
90
100（%）
仕事への集中具合
80.8%
仕事の質
78.8%
仕事のスピード
76.9%
仕事の
創造性・革新性
76.3%
仕事への積極性
73.5%

出典：ABW実態調査（株式会社オカムラ、2023）

ノンテリトリアルオフィスとフリーアドレス

　現在、日本の多くの企業ではフリーアドレスが採用されていますが、その原点は、アメリカで研究されたノンテリトリアルオフィスです。しかしながら、両者は姿カタチこそ同じだとはいえ、その当初の目的や背景は大きく異なっています。他方で、一部では、ノンテリトリアルオフィスも含めたフリーアドレスは、日本人の発明である、と思っている人もいます。それは、正しくもあり間違いでもあります。では、なぜそのようなことになっているのでしょう。

　まず、ノンテリトリアルオフィスは、MITのトーマス・アレンらによりIBMとの共同研究として論文提出されました（論文提出は1973年、実験が行われたのは1970年）。当時のアメリカではキュービクル・オフィス（高いパネルで囲われたブース型オフィス）が普及し始め、IBMの研究部門でも研究者にとって沈思黙考が有益であると考えられていたため、キュービクル・オフィスが導入されていました。

　そんな中、アレンは、研究開発者（ナレッジワーカー）は、キューブで沈思黙考するのではなく、偶発的な"出会い"や"気づき"があってこそ知的生産性が高まるという仮説を立て、IBMの一部の部門のキュービクルを廃し、円形テーブルを分散配置し、自由に座らせ、約半年をかけて接触度、コミュニケーション度、そして生産性を計測しました。しかしながら、結果的に言うと生産性は大きく高まりませんでした。それでも、当初は実験に難色を示していた被験者たちも、実験終了後には「二度と私を囲い込まないでほしい」と言うようになり、好意的に受け止められるようになりました。このように、ノンテリトリアルオフィスの最大の目的は"接触""出会い"を通しての知的生産性の向上です。アレンの実験オフィスのテーブルが円形なのに注目してください。それは、とりもなおさずコミュニケーションの活性化を目的としていることにほかなりません。

　それに対して、日本のフリーアドレス（当初はノンアドレスとも言っていました）は、のちにフリーアドレスの名前を知らしめることになる、清水建設（当時）の嶋村仁志さん（のち千葉工業大学）の論文の一節が、その背景のすべてを説明しています。曰く、「（フリーアドレスの背景には）オフィスへのOA機器導入の普及にともなって、も

ともと狭い日本の平均的な執務スペースが、ますます狭くなるという問題があり、これに対して在席率の低さを利用したスペースの有効活用に、問題解決を求めたという経緯がある」。すなわち、日本のフリーアドレスは、たとえば100人のオフィスで在席率70%であれば、70人分のデスクをみなでシェアして床面積を有益に使おうという動機付けから始まっています。すなわち、日本のフリーアドレスはスペースソリューションだったとも言えます。以上に対し、マリリン・ゼリンスキーは、フリーアドレスを「日本企業が使い始めたことばで、誰でも好きなときに、予約なしに共有のデスクを利用できるシステム」で、その長所として「スペース利用効率を極限まで高められ、不動産コストの低減を図ることができる」と著書の中で述べています。ただ、これはあくまで日本のフリーアドレスであって、アレンらが標榜したノンテリトリアルオフィスのことではありません。そもそも両者はその目的が違うのです。にもかかわらず、この文章を持って、いつのまにかノンテリトリアルオフィスまでもが日本の発明品のように思ってしまう人がいるのです。

　しかしながら、現在においては日本のフリーアドレスも、知的生産性を目的としたものとして扱われるようになってきました。しかし、それを実現するためには、以上の前提をしっかりと理解し、その目的をしっかりとワーカーが共有する必要があります。そうでなければ有益な施策にはなりません。なぜアレンが円形テーブルを採用したのか、もう一度考えてみるべきです。

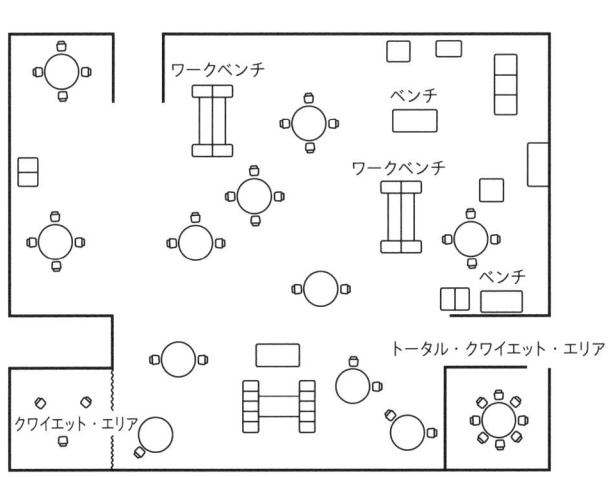

トーマス・アレンのノンテリトリアルオフィス(1970)

会社に行かない働き方

会社≒仕事からの脱却

　出社と出勤の違いは何でしょうか？　出社とは勤めている会社に行くことです。出勤は仕事を開始するという意味で、場所に関係なく仕事をしている状態を表します。長らく私たちにとって、この出社と出勤は同一行為でした。なぜなら会社に行かないと仕事ができなかったからです。

　仕事に必要な資材や機材、蓄積してきた情報がある場所で、人が集まりコミュニケーションをとりながら作業を行う場所が、会社のオフィスです。そんなオフィス1か所に従業員たちが集まり、物理的な文書や記録、企画書などをつくりだしながら新たな価値創造を行っていたのです。

　しかし、時代とともに働く場所の遍在性が高まります。子育てや介護が必要なワーカーなどダイバーシティへの対応、地震などの大規模災害へのBCP対策、個人の仕事をより効率的に行うため、社外の人との接点を増やすため、そして副業や起業といった雇用やキャリアの多様化など、さまざまな事情や目的から、私たちが働く場所は従来のオフィスから、外に向けて大きく広がっていきました。もちろん、こうした働き方を支えているのがICTの発展であることは言うまでもありません。

　会社のオフィス以外の場所にいても、オフィスにいるときと同じように仕事の情報にアクセスすることができ、モバイルデバイスで作業ができることから、会社という固定の場所で作業する必要性は少なくなりました。また、メールやチャット、ウェブ会議などを使えば、たとえ時間と場所を共有していなくても、仕事仲間や顧客とコミュニケーションすることが可能になったことも大きな要因です。

　このように多様な場所に分散し、ネットワークでつながりながら働けるようになったことにより、会社に行くことイコール仕事をする、といった時代から

大きく変わったのです。そして、これまでのオフィスとは異なる働く場が誕生し、オフィスを含めてさまざまな働く場所を「ワークプレイス」と呼ぶようになったのです。では、どんな場所がオフィス以外で代表的なワークプレイスとなったのでしょうか。

働く場が家に乱入する、ホームオフィスが与える影響

　ワークプレイスの第一の場所が会社のオフィスなら、第二の場所は自宅になります。企業の在宅勤務は、1990年代末より始まり、2000年代のインターネット回線の普及、そして2011年の東日本大震災による出社不能による一時的な自宅での業務の必要性、またワークライフバランスなど働き方改革への対応によりさらに普及が進みました。

　一方で、主に情報漏洩などのセキュリティの問題や労務管理上の難しさ、システムやツールの未整備により在宅勤務ができない、認めない企業も多くありました。何よりオンライン会議などに代表されるワーカーたち自身のオンラインコミュニケーションへの不慣れさや、対面コミュニケーションによる意思伝達の効率性が重視されたことなど、課題もありました。その結果、一部の企業のワーカーしか在宅勤務を実施しておらず、自宅で働けるワーカーは限定的でした。

　しかし、2020年に多くの人が否応なしに在宅勤務を経験することとなりました。コロナ禍がもたらした生活の制限により、働き方にも影響が生じたのです。ある調査では、在宅勤務制度はコロナ禍前には3割弱の導入率でしたが、コロナ禍後に8割弱にまで導入が進んだという結果がありました（**図1**）。

　企業は、感染防止のためオフィスの人口密度を下げ、出社制

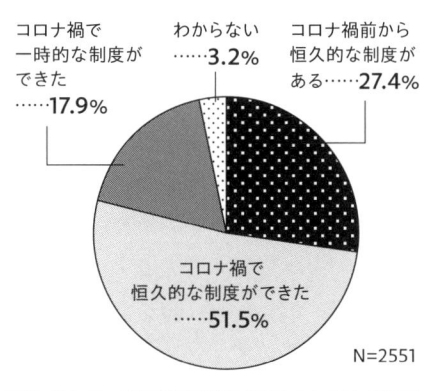

図1　テレワーク導入時期

コロナ禍で一時的な制度ができた……**17.9%**

わからない……**3.2%**

コロナ禍前から恒久的な制度がある……**27.4%**

コロナ禍で恒久的な制度ができた……**51.5%**

N=2551

出典: テレワーク実態調査（株式会社オカムラ、2022）

限をするなど、自宅を中心に従業員を分散させ働かせるために制度やシステムを急遽整備したのです。労務管理もネットワークを介して行い、会議や打ち合わせもオンラインでこなすようになりました。あれだけ進まなかったテレワークですが、この数年間で仕事をする場所の分散化が進み、テレワークが定着したのです。さまざまな制限を受けましたが、働き方や働く場所の側面からは結果的に大きな進化が起こりました。

　しかしこれらの進化は急激な変化であったため、充分に議論し準備された導入プロセスを経ておらず、在宅勤務における新たな課題も生じています。特にホームオフィスという空間やツールといった環境的側面において顕著でした。従来、仕事をする空間ではなかった住居に「働く」という行為が乱入してきたわけですから、求められる物理的なスペースや間取り、インテリアなどの設えにおいても、当然ながら多くの人の家はそれらに対応していませんでした。

　狭小な住宅が多い日本ですが、それでも仕事をしやすくするよう住環境に「働く」という要素が加わり、変化が起こっています。リビングや寝室の一角に働くためのスペースを確保したり、カメラやモニターなどウェブ会議に必要なツールやガジェットなどを自宅に揃えるようになりました。また、以前は短時間であるがゆえにダイニングテーブルやチェアで仕事を済ましていましたが、身体的健康への影響から仕事専用のタスクチェアやデスクなど、自宅にオフィス家具を新たに導入する家庭も増えました。なかには少数ですが、書斎など働くための個室の新設や、より適した間取りを求めて広い家に転居したワーカーもいます。まさに住居のオフィス化が始まったのです（**図2**）。

　コロナ禍以降、多くの企業でワーカーが在宅勤務する市民権を得たことで第二の場所であるホームオフィスが台頭し、このことが第一の場所であるオフィスに対する人々の意識や価値観へも影響を与えました。これまで当たり前のように毎日オフィス、つまり

図2 在宅勤務の様子

会社に通っていたという習慣について、「なぜオフィスに通うのか、集まるのか」と、改めて考えさせられる状況が訪れたのです。

　私たちが必然としてオフィスに対して求めるものや役割について、企業は再定義を始めました。テレワークが増えたことで、従業員同士のリアルな交流が減り、またチームメンバーの状況が共有しにくくなりました。そこで、経営者は「チームワークを高める場」「従業員同士がより深いコミュニケーションをとるための場」といった役割をオフィスに強く求めるようになったのです。組織に対するエンゲージメントやチームとしての一体感を醸成すること、メンバーの意思や感情を読みとることが、マネジメントや仕事を進める上で何より重要になりました。また、従業員は、在宅勤務により慣れ親しんだ自宅での作業にオフィスとは異なる快適性を享受しながら働く経験をしたのです。

　こうした影響から、オフィスには、穏やかな雰囲気の中でディスカッションしたり、静かな環境で対話できる環境を提供するために、従来のビジネス的なフォーマル感よりも自宅に近いリラックス感や居心地が求められるようになりました。そして、オフィスのインテリアにおいてもカジュアル化が主流となりつつあります。前節の「座席のカジュアル化：ルースファニチャーの誕生（p.29）」に加えてコロナ禍も相まって、この傾向がますます強まっています。まさに住宅がオフィス化する一方で、オフィスも住宅化するパラドックスが起きているのです。

3つめの場所「サードワークプレイス」の台頭

　在宅勤務は増えましたが、必ずしもすべての環境において有用でないこともあります。特に首都圏の住宅環境ではスペース的に仕事場を自宅に持つことが難しいでしょう。また、住宅は生活の場であり、家族もいることから気分的にも仕事がしにくい、などマインド面の問題もあります。こうした理由により、第一の場所（オフィス）、第二の場所（自宅）、以外の働く場所となる第三の場所「サードワークプレイス」が台頭しています。

　サードワークプレイスの代表的な場所としては、コワーキングスペースやシェアオフィスなどを活用したサテライトオフィスがあげられます。これは、複

数の企業や個人と作業スペースを共有しながら働くシェアリング形態のワークスペースになります。

　一般的にはスタートアップ企業やフリーランスの活動拠点としての利用が多く、そのようなイメージが強いスペースではないでしょうか。しかし、コロナ禍以降は、サードワークプレイスも1つの転換期を迎えました。不動産事業者を中心に、タッチダウン型のサードワークプレイス事業への新規参入が増加しており、特に首都圏においては数多くの駅前の建物にシェアオフィスを見かけるようになったのではないでしょうか。事実、大都市圏におけるサテライトオフィスの導入率は、2017年の10.2%から2023年の30.9%へと約3倍に増加しました（**図3**）。

　この背景には、働き方改革をはじめとした多様な働き方実現に向けたテレワークへの対応、そしてコロナのような感染症リスクへのBCP対応としてサテライトオフィスに大きく利用ニーズが生まれたことが考えられます。サテライトオフィスには、執務に応じたデスクやエルゴノミックチェア、複合機などの機器、また企業にとって重要な作業時のセキュリティの担保など、自社オフィスと同等の環境を持ち、自宅より優れた執務環境が得られる有用性があります。そして、外出時・出張時に活用することで、便利で効率の良い働き方も期待できます。今までは個人で利用する第三の仕事場所というと、一般

図3 大都市圏におけるサテライトオフィスの導入率

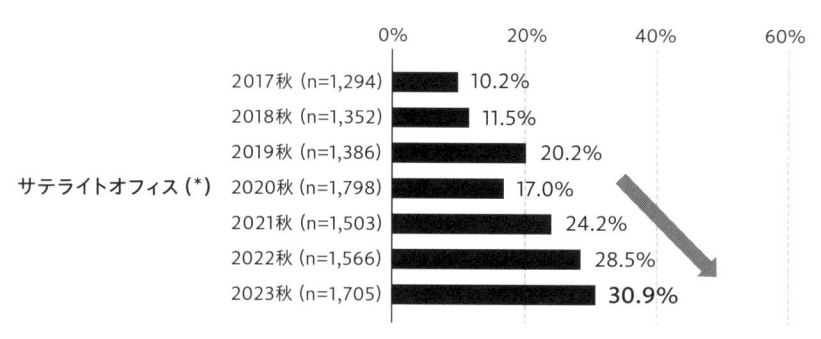

* 「専門事業者等が提供するサテライトオフィス等の利用」と「自社が所有・賃借するサテライトオフィス等の設置」の2つのうちどちらか1つでも選択

出典：「大都市圏オフィス需要調査2023秋」（ザイマックス不動産総合研究所、2024）より抜粋

的にはカフェや喫茶店のイメージがあったかもしれませんが、ビジネス環境においてはこのサテライトオフィスの普及が日本におけるサードワークプレイスの存在や価値を高めることとなりました。

ワークプレイスのカンブリア紀

　働く場所の分散化はますます進んでいきます。かつて1つしかなかった場所ですが、いまや私たちは3つの働く場、いやそれ以上の選択肢を持って働くようになったのです。このような多様なワークプレイスの誕生によって、日本人の働き方はどのように革新していくのでしょうか。

　会社という固定された場所から多様な場所への拡大には、通勤時間をはじめとした移動時間の短縮、隙間時間の有効活用による業務効率化が期待されます。これらの生産性が改善し、ワーカー個人の自由な時間が増えることによって、家族と過ごす時間が増えたり、健康促進のための運動やスポーツに取り組んだり、新たなスキルや資格取得に向けたリスキリングに励んだり、とライフスタイルの可能性が広がっていくことが考えられます。

　そして、最近では休暇を兼ねながら旅先でリモートワークする「ワーケーション」という働き方も出てきました。これは「ワーク（働く）」と「バケーション（休暇）」を足した言葉で、2000年代からリゾート地などで働くデジタルノマドの間で発祥したものです。ただ単に仕事するにとどまらず、滞在先での地域とのコラボレーションや越境学習、非日常環境でのチームビルディングなどさまざまなワークが行われていることからイノベーション創出やモチベーション・生産性向上の効果が期待されています。「働き方改革」の一環として制度導入する企業が現れ、日本でも徐々に広がりを見せています。

　ホワイトカラーワーカーが集う近代オフィスという働く場ができてから100年以上経ちますが、技術の発展や社会全体の価値観の変化も伴い、その空間は「働く」の枠を超えて、さまざま場所に広がっていきました。住居や街は当たり前になり、海外のあるIT企業では植物園をオフィス化したりもしています。もしかしたら想像もつかないような働く場が、今も世界のどこかで生まれているのかもしれません。

ABWの出自

　1995年のオランダの保険会社インターポリスの成功で知られるようになったABW（Activity Based Working）ですが、明確に1995年がその出自とは言えない側面があります。実際、プロジェクトをリードしたエリック・ヴェルデホーエンもその概念自体は1990年代から変わらないものの、用語としてのABWが明確に現れるのは2004年のヴェルデホーエンの著書『The Art of Working』以降です。

　また、ABWの定義にはさまざまな解釈があり、人によって異なることがあります（大きく言うと、運営する側から見たABWと、デザインする側から見たABWがあるからです。前者はActivity Based Workingであり、後者はActivity Based Workplaceとなります）。ジュリアン・ヴァン・ミールもABWの近似の用語としてリーン・オフィス、アジャイル・ワーキング、スマート・ワーキングなどが存在すると指摘しながら、ABWをこう定義します。「さまざまな種類のアクティビティをサポートするようにデザインされた多様なワークセッティングを従業員がシェアする働き方」であると。そして、この場合の「多様なワークセッティング」とは、1つのビルの中（オフィス）で完結していることを前提にしています。そうではなく、ワークセッティグはビルの外に飛び出し、自宅も含めた自在なネットワーク空間の広がりの中で場所選択するイメージを持つ人もいます。

　以上のように、ABWは多様な解釈や側面がありますが、通底しているのは自席（デスク）という"場"や"時間"に縛られず、アクティビティに応じて場所選択しながら自律的に働く、ということだと思います。

　そう考えていくと、この考え方の最初の原点は、コラム「ノンテリトリアルオフィスとフリーアドレス」で紹介したノンテリトリアルオフィス（1973年発表）となります。

　そして、このノンテリトリアルオフィスに前後して登場した概念として注目するべきなのが1974年にフランク・ダフィが博士論文として提出した概念で、ダフィはそこで、企業には固有の文化を持っていて、具体的には「官僚性」の高低と、「相互作用」の高低によって現されると定義し、デザイン的に「官僚性」が高いということは、ヒエラルキーをカタチ化することであり、相互作用が高いということは、コミュニケーション

を活性化するデザインを行うことであると述べています。つまり「官僚性」が低く（ワーカーが自律的）、「相互作用」が高い（コミュニケーション重視）前提でオフィスを考えていくと、その先にABWがあることになります。

　ダフィは以上の概念を下地に1997年の著書『the new office』で、21世紀のオフィスはインタラクションとワーカーの自律化が進むと「倶楽部」化すると述べています。それは、具体的にはウィーンのカフェのようなものであり、そこでは場所も時間も組織も解体され、自由に交流する姿を現しています。それは今でいうコワーキングスペースでもありますが、この「コワーキング」という言葉も、ゲーム・デザイナーのバーニー・デ・コーフェンがITの台頭によって出現した新しいコラボレーション型作業環境を説明するために用いた言葉に由来します。

　このように、ABWは、1970年代の革新的な概念を萌芽として、1990年代後半にさまざまな人たちの手によってカタチ作られていったものとも言えます。

インタラクションと自律化が進むと「倶楽部」にいきつく
（フランク・ダフィ、1997）

らしさを伝える
オフィス空間のデザイン

メディアとしてのオフィス

　企業の「らしさ」とは、その組織のアイデンティティ、文化、ビジョンを体現する要素であり、オフィス空間はその「らしさ」を伝えるための重要な舞台です。オフィス空間をより豊かにデザインしていくことは、多くの企業にとって重要な戦略的要素となっており、ただの働く場所から、企業と社員とがともに持続的に成長していくためのコミュニティの姿勢そのものを映し出す場へと変貌を遂げています。

　この10年ほどの間にオフィス空間のデザインが大きく変化しました。その背景には、社員のパフォーマンスを最大限に引き出したいという企業側の意図もあり、個人の健康に対する支援、ウェルビーイングの向上、そして日々の業務に必要とされる集中力や創造性を高める工夫など、さまざまな空間上の試行錯誤が実践されています。

　そういった各企業のオフィスがテレビや雑誌、ウェブやSNS上などで取り上げられることが増えた今日、多くの企業がデザイナーと協業しながらオフィスデザインに新たなアイデアを表現し、相互に気づきを得ながら革新をもたらしているのだと考えられます。

　また社員の従業員満足度やエンゲージメントについてのさまざまな研究結果から、オフィス空間自体が社員の幸福度の向上に貢献する役割を果たすことが認識され、ひいては企業の成果に大きな影響をもたらすとの認識も高まっています。

　現在のオフィスデザインは単なる機能性や快適性の追求を超え、その表現性によって企業のブランディング戦略におけるメディアとしての機能を担う中核的なポジションに置かれるようになっています。その発信内容は、社外と

社内の両面に向けられています（**図1**）。

　社外への発信を通じて期待されることの1つは、優秀な人材を獲得するためのリクルーティング戦略への貢献でしょう。また、昨今ではSDGsに関わる企業の各種取り組みを反映させることも多く、持続可能な材料の使用、エネルギー効率の高いシステムの導入、明るく健康的な職場環境の創出など、社会的・環境的責任を果たす企業姿勢のモデルとしても機能します。こうしたオフィスでの取り組みは、人材市場だけでなく、多様なステークホルダーへのアピールとなる事例も出てきています。

　一方で社内への発信に目を向けると、その「らしさ」は、社員一人ひとりが共感・共鳴できるものであるべきで、エンゲージメントの獲得に大きな役割

図1 時代とともに高度化してきたオフィスデザインの課題

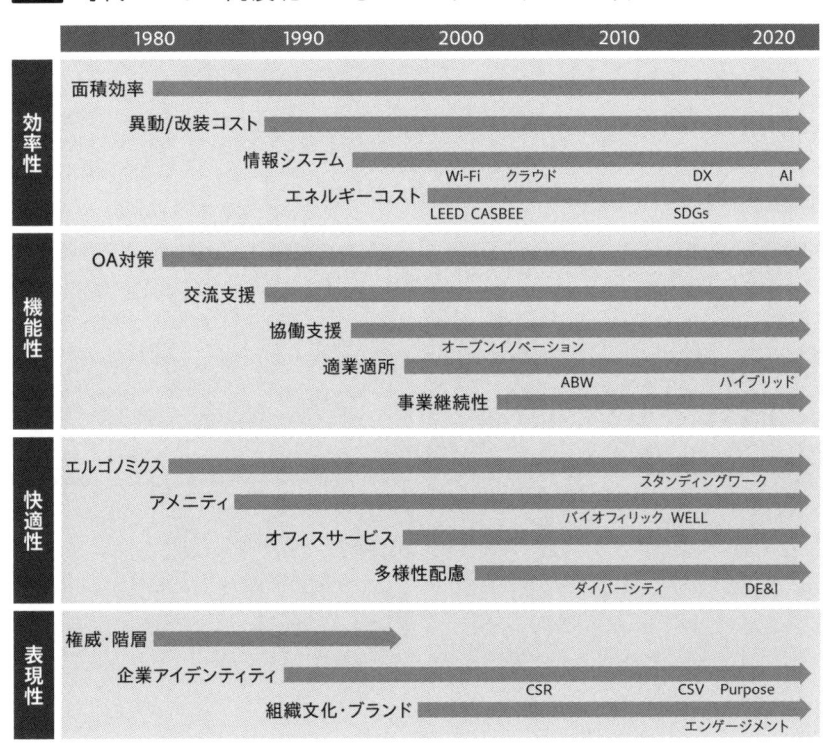

を果たしています。以下では、企業の中長期的な戦略を見据えた上で、今どのような「らしさ」を伝えるデザインが求められるのか、注目された事例を交えながら考えてみましょう。

現在のオフィスデザインの潮流を生んだデザイン

　今日のオフィスは多種多様な表現によって空間自体が豊かになってきていますが、その原点ともいえるオフィスの1つが、アメリカの広告代理店 TBWA\CHIAT\DAYのロサンゼルスオフィスです。1998年に生まれたこのオフィスは、内部の豊かな空間の特徴から「アドバタイジングシティ」として知られるようになりました。内部にはメインストリート、セントラルパーク、バスケットボールコートなど、都市空間に存在する要素がインテリアデザインに取り込まれています。オフィス空間とその働き方における関係性のパラダイムシフトの1つといえるでしょう（**図2**）。

　一見「働くこと」とは関係のないスペースですが、創造力とコミュニケーシ

図2 TBWA\CHIAT\DAY の LA オフィス内観

メインストリート（左写真）の奥にバスケットボールコート（右写真）が見える。

インテリアデザイン：Clive Wilkinson Architects

ョンの促進もねらっています。オフィスの奥に設置されたバスケットボールコートは、非日常的なスポーツ施設をオフィス空間に組み込むことで、彼らがただの広告代理店ではなく、創造性と活力を備えた先進性のある組織であるというメッセージをクライアントに伝えています。商談後に一緒にバスケットボールをプレイすることは、クライアントにとって忘れがたい印象を与え、非公式ながらも結束力と信頼関係の構築に寄与するでしょう。

　TBWA\CHIAT\DAYのオフィスデザインは、一貫して独自性と革新性を追求する同社の姿勢を反映しており、クライアントに対して卓越した創造性をアピールすることに成功しています。彼らの施策はオフィス空間とは何か、そして何であるべきかについての見識を新たな次元へと押し上げており、シンプルな職場を超えた「ホームアドバンテージ」を極める拠点となり、ブランディングとクライアントのリレーションシップを融合させるダイナミックな空間へとオフィスを転換しています。これは、より大きな成功を収めるための革新的でビジョナリーなデザイン思想の顕在化であり、その後のオフィスデザインに対して大きな影響を与えたことはいうまでもありません。

誰もが知る企業にみる
オフィスデザインとイメージの関係

「らしさ」とは何か？　私たち一般の生活者は、基本的には生活にあふれる広告や実際の商品、サービスが提供される店舗など、ブランドとの接点で受けるイメージや体験を通して「らしさ」を理解しています。では、オフィスデザインにおける企業の「らしさ」の表現についても、そうした生活者のブランド体験と同じように考えていいのでしょうか。マーケティングされたブランドイメージというのは、必ずしも社員の働き方や企業文化に直結するわけではありません。そこで、企業の「らしさ」とオフィスデザインの関係を表した好例として、マクドナルド本社を見てみましょう。

　シカゴに本社を置く同社では、社員が日々行き交う場所に特許取得されたフライドポテトを揚げるバスケットなどの厨房器具をアートとして展示することで、場に力強いビジュアルとともにメッセージを発信しています（**図3**）。

それは企業の革新的な歴史とそれがもたらした社会への影響について、仕事における業務上での文脈を離れて、個人それぞれが感情的に理解するきっかけを与えています。オフィス空間にアート作品として展示されたこれらのオブジェは、開発チームにとっては達成感や自己の仕事への誇りにつながります。そして、新たに入社した社員にとっては、会社の文化やその哲学に触れる機会になります。彼らの日々の働き方に無形の価値を添えることで、モチベーションの向上や企業への帰属意識を育む効果を生み出しているのです。

図3 マクドナルド本社のアート作品

図3 マクドナルド本社のアート作品

彫刻作品「Cloud Storage」
アーティスト：Jessica Stockholder
インテリアデザイン： Studio O+A、IA Interior Architects

　企業文化は、社会貢献活動やビジネスモデルだけでなく、社員が共有するエモーショナルな経験やストーリーテリングによっても形づくられます。このアプローチは、社員一人ひとりが感じる「らしさ」が、企業全体のアイデンティティとして外部に向かって堂々と表現されている例といえるでしょう。

スタートアップ企業にとってのオフィスデザイン

　スタートアップ企業にとって、創業者の意思や趣向は企業のアイデンティティを形成する上で非常に重要です。創業者やリーダーシップチームのビジョンは、組織の文化や価値観の核を形づくるものであり、そこから発散されるエネルギーが全社員に影響を与え、外部に対するブランドのイメージを定め

ます。したがって、創業者のユニークな視点やパーソナリティをオフィス空間に反映させることは非常に効果的かつ重要です。

　創業者の「頭の中」や人となりを空間に表す際には、単なる個人的な好みにとどまらず、それが社員やビジネスパートナーとどう共鳴するかを慎重に考えることがデザインをしていく上では必要になります。なぜなら、オフィスは一個人の趣向を超えて共有される場であり、すべての社員がその空間で最高のパフォーマンスを発揮できるよう配慮することが成功に向けた鍵となるからです。このバランスがうまくとれれば、創業者の「らしさ」は刺激的で共感を呼ぶ空間をつくりだし、スタートアップ企業としてのアイデンティティ確立に大きく寄与します。それは社員のプライドと所属意識を高め、外部に対する正のイメージを形成し、あらゆる面でブランドの強化につながるでしょう。

　このような空間の創出は、社員だけでなく、クライアントや投資家、業界関係者などの外部ステークホルダーにも強いメッセージを送ります。スタートアップ企業は限られたリソースの中で最大の影響を目指すため、オフィスデザインを通じてブランド認知の拡大とポジティブなパブリックイメージの確立を目指すのです。人々を惹きつけ、その企業を記憶に残るものに変え、市場での競争力を高める貴重な資産となります。成功するスタートアップ企業にとって、オフィス空間はこのような交流と成長の場として機能していることが多いと思われます。

オフィスだけにとどまらない働くための場所

　新型コロナウイルスの流行は、多くの常識を再考する機会となり、世界中の働き方にも変革をもたらしました。私たちは今、まさにハイブリッドワークのゴールデンエイジを迎えているのかもしれません。オフィスと自宅の壁が崩れ、働き方の多様性が広がる中で、企業は自社のアイデンティティをどのように体現し続けるかという課題に直面しています。今日、オフィスとはただの物理的空間を超え、社員が自身のポテンシャルを最大限に発揮し、創造性を育むための土壌でなくてはなりません。

　「働く場」という概念が従来のオフィス中心の慣習から脱し、よりフレキシブ

ルで多元的なものへと発展しています。自宅、カフェ、コワーキングスペースなど、さまざまな場所が新しい「働く場」として認識されるようになっています。では、これらの環境で働く社員たちにとって、「らしさ」はどのように表現されるべきでしょうか？

　創造性と俊敏性が要求されるビジネス環境にあって、企業はいかにしてこの新しいワークプレイスのパラダイムに適応し、そこに自社のアイデンティティを反映させることができるのか。そのための具体的な戦略を練る必要があります。

　オフィスデザインは、社員が共鳴し、共感する物語を織り込むことによって、社員の日々の仕事にインスピレーションを与え、意欲を引き出す手助けをする役割を担うことができます。この「らしさ」は、社員が企業に真に誇りを持ち、ブランドアンバサダーとして行動するモチベーションに直結します。

　たとえば、マクドナルドがインテリアデザインにストーリーと伝統を盛り込むことで、自社の歴史と文化を可視化しているように、企業はそれぞれ独自の方法で自社文化を反映することができます。これらの施策がうまく実行されれば、オフィスはもはや単なる労働の場でなく、社会的文脈の中で意義を持つ「生きた空間」となりうるでしょう。

　これからの企業には、単に効率性や生産性を最大化するための空間よりも、社員の感性を育む環境を提供することが求められています。オフィス空間が機能的でありながら、場から紡ぎ出される物語を共有し、社員同士の結びつきと所属感を育む場となることが期待されています。最終的には、いくら「働く場」が分散しようとも、この持続可能な「らしさ」の追求こそが、企業が将来にわたって社員とともに成長し続けるための重要な鍵となるでしょう。

トレンド 4

最適オフィスのつくり方

組織のための標準オフィスから、個人のためのカスタムオフィスへ

　最適なオフィス空間をつくることは、組織内の多様な人々にとって、仕事をする場所以上の意味を持つようになっています。今日のオフィスデザインは組織的なニーズから個へと焦点を移し、多様性を尊重するDE＆I（ダイバーシティ、エクイティ、インクルージョン）の理念を具現化する方向へと舵を取り始めており、このアプローチは組織の生産性と社員の満足度を高めると同時に、社会に対する企業の責任を果たす手段としても重要性を帯びています。

　また一方で、コロナ禍以降のリモートワークの選択肢が増えるなかで、「行きたくなるオフィスとは？」といった議論が広がり、オフィスにはこれまで以上の求心力が期待され、オフィスで働く目的を企業が明確に社員に提示することや、社員自身にもより自律的な働き方を実践することが求められるようになっています。

　そこで本項では、個人の多様性や自律性に焦点を当てた、誰にとっても使いやすい、いわば公共性の高い新たなオフィスづくりについて、事例とともに考えてみましょう。

組織から個へ：多様性を受け入れるオフィスのデザイン

　かつてのオフィス設計は、一般的な組織のニーズに基づいていましたが、現在は社員一人ひとりの働き方や価値観を尊重する必要があります。DE＆Iを重視するこの取り組みは、障害のある人から文化的背景が異なる人まで

全員が活躍できる環境を提供することで、組織内の多様性と包摂性を高めます。たとえば、適応可能なワークステーション、異なる環境や条件で働く人々のためのアクセシブルデザイン、さまざまな文化やライフスタイルを反映したコミュニケーションエリアやカフェテリアなどがあげられます。最適なオフィス空間は、これらの要素を取り入れた設計によって、個人の豊かな仕事経験と組織全体の成功へとつながります。

イギリスに本社を置くグラクソ・スミスクライン（GSK）は、グローバルにヘルスケア製品を提供する大手製薬会社です。2017年、日本本社は組織とコミュニケーションの効率化を目指して東京・赤坂へ移転し、従来の分散したオフィスを1か所に集約しました。

GSKは同社のグローバル標準である「スマートワーキングガイドライン」に基づき、健康、衛生、安全などを考慮した働き方を推進しています。移転は単なる物理的な変更ではなく、社員が自らの働き方と環境を見直し、組織全体の成長につながる機会と位置づけられました。

GSK日本本社は、社員に自由で多様なワークスペースを提供することで、パフォーマンスを最大化できる環境を目指しました。移転により約10分の1まで書類を削減し、社員一人ひとりが自分の業務に最適な場所を選択して働く自律性を高めました。新オフィスには、コミュニケーションを促進するための工夫や開放的なスペースがある一方で、プライバシーや集中を欠いたオフィスになるリスクに対し、クワイエットスペースや集中を必要とする作業に適した場所を提供するなど多様な席があり、以前の自席と会議室の二択から選択の幅を大きく広げています。

また、この新しいオフィスでは、DE&Iに対するGSKの姿勢を体現し、点字ブロックや車椅子を考慮したバリアフリー設計が随所に施されています。この細やかな配慮は、すべての社員が誇りを持って喜んで働ける環境を創るための1つのアプローチだといえます。高い生産性を実現するには、社員の満足度が密接に関連していると考えられており、オフィスづくりは完成したときに終わりではなく、常に社員の声を聞きながら進化し続けることが持続的な企業の成長につながっていくのです。

働く世代の変化と自由度の高い働き方への適応

　オフィスは組織全体の価値観、目指すべき方向性、そして時代の流れを反映する文化的な象徴となっています。社会の動的な変化とともに、オフィスの形は進化してきましたが、世代交代が進むにつれて、働き方、職場環境への期待も変わっていくことは避けられません。Y世代（1980～1995年頃に生まれたミレニアル世代）、Z世代（1995～2012年頃に生まれたデジタルネイティブ世代）、そして将来のα世代が労働市場のメインプレーヤーに移行するにつれて、従来のオフィスデザインは再考され、彼らの期待に応えるために、新しい働き方を実現できる空間やその運営へと変わりつつあります。

　Y／Z世代は、テクノロジーとともに成長した世代であり、ワークライフバランス、フレキシビリティ、コラボレーションの価値を重視し、働き方における新たな標準の確立を牽引してきました。伝統的なオフィスデザインにおいては個人作業席ばかりで構成されていた静的な執務空間が、フレキシブルで動的なワークスペースへと変化しています。働き方自体も柔軟で自律的であることが奨励され、そうしたユーザーのニーズを充足するような選択肢を提供することが、現代のオフィスづくりの1つの潮流であるといえます。

　オランダの電力会社エッセントでは、従業員のパフォーマンスを発揮させるために、時間や場所に縛られない柔軟な働き方を採用しました。固定席をなくし、在宅勤務を奨励し、出社義務を撤廃しました。この新しい働き方は、従業員がどこにいても仕事ができる体制を整えることを意味しますが、マネジメントの手法も変更を余儀なくされました。マネージャーは、従業員の作業内容を細かくチェックするのではなく、従業員の健康や時間管理、チームワークを重視する管理スタイルへと移行しました。変化を理解し、経験から学び、改善を繰り返すことで、エッセントは働き方改革を成功させました。その結果、会社の生産性は約15%アップし、病欠率は20%減少し、従業員の仕事に対する満足度も向上しました。この取り組みは、従業員が自主的に働きやすい環境を実現することで、企業全体の効率と幸福度を高めることに成功した例です。

　次にやってくるα世代にはもっと自由度の高い働き方や、企業の社会的責

任に対するコミットメントが重要視されるかもしれません。テクノロジーはさらに進化し、彼らの個性を尊重する文化、およびさらなる環境への配慮が必要になるでしょう。

　また、大規模な組織になると、当然異なる世代同士がともに働くことへの配慮も求められることになります。世代間の多様性を受容するDE＆Iの視点から考えることも重要なテーマになりそうです。

　そういったことから、未来のオフィスは物理的な空間だけでなく、仕事における価値観、対社会的行動が反映される場所であるべきで、そのようなベースとしての心理的安全性が確保された中で、どのように個人やチームがパフォーマンスを発揮することができるか、もはやデスクワーク、会議だけの機能的な解釈だけでつくられたオフィスは姿を消していくことになりそうです。

ユーザーや専門家との
コラボレーションによるデザイン

　多様なニーズや価値観を受け止めながら、それらの継続的な変化にも適応するためには、場づくりのプロセスにおいてもより包括的な取り組みが求められます。標準解ではない、多様な場所をつくるためには、実際の利用者たちの力を借りたり、各領域の専門家とのコラボレーションを行ったりしながら、要望やアイデアを深掘りしながらオフィスデザインをすることが必要不可欠になってきています。

　オフィス計画の初期段階でユーザーとのワークショップなどを行うことで、デザイナーはより具体的なふるまいを環境要素のデザインに落とし込むことができます。想定される行為を支えるには、空間に加えてどのような運用サービスが必要になるのか、それらが相乗効果をもたらすためには何が起点になるのかといった、ユーザーによる経験の一連のつながりや関係をイメージすることができるのです。そうした知見を活用することで、デザイン要件の構築作業において、ユーザー目線に立って空間と運営を一体的に捉えることが可能になり、結果的にユーザーの環境リテラシーに依存しすぎない、使いやすいオフィスを実現することができるでしょう。

　あるグローバル企業は、日本法人のオフィスにおいて大々的に固定席運用から、よりアジャイルに働くためにABWに適したオフィス運用へと変更しました。この変革にあたり、プロジェクトの初期段階から各部門のディレクターやリーダー、若手社員を含む幅広い層の社員を集めて、世界中のオフィス事例から新しいオフィスに対するアイデアを出し合いました。そのなかでは、当初は予定されていませんでしたが、自社運営のコワーキングスペースをオフィスの中につくってしまおうというアイデアが生まれています。

　この施設では、コワーキングスペースでの仕事利用やイベントなど、さまざまな機能を揃えており、開発者やエンジニア、アントレプレナーの自社サービス活用や起業を支援しています。自社オフィス内に設置されていることで、サービスや開発のエキスパートである社員が直接ユーザーからの相談に対応することが可能になっています。またこの施設はユーザー登録があれば無料で利用できるので、ブランドをより身近に感じさせ、またオフィス内に引き込むことでファミリーとしてのエンゲージメントさえも獲得することに成功しています。

　この空間やサービスをデザインするにあたっては、施設で提供される食事や飲み物、空間を彩る植物やインテリアアイテム、PCワークにおける最適な姿勢、合間の時間でリフレッシュするためのストレッチメニューの開発など、さまざまな専門家が集いました。彼らは活力ある環境をつくりだすためのアイデアをデザイナーとともに検討し、互いの相乗効果を発揮することで質の高い体験をデザインすることができています。

　またこのオフィスではユーザビリティを高めることと同時に、どの社員が世界中のどの拠点に赴いても、同じ環境、同じオフィスルールにアクセスできるような平等性も大切にしています。会議室の予約やAVシステム、室名だけでロケーションがわかる、行き先に迷わないサイン計画の工夫などを各国で共通化し、どの国のオフィスにいても、訪問者や出張者がストレスなく過ごせるような公共性を意識したオフィスづくりをしています。

オフィスの初速を上げる取り組み

　オフィスは所属メンバーが会社のビジョンに沿った行動変容を実現するためのプラットフォームとなります。また、オフィスを新しくデザインし、移転することは単なる引越ではありません。企業の経営方針の中で重要なメッセージを伝え、社員が自社の進むべき姿により共感するようにモチベートする機会であり、組織の変革の契機にもなりえます。その目的において、オフィスはつくって終わりということではなく、新しいオフィスの初日からいかに一体感を持ち、変革に向けてスピードを上げて加速をしていけるかがカギとなります。

　加速していくには、オフィス計画を推進するプロジェクト側から検討段階のアイデアの情報発信をしたり、社員からアイデアを求めたりすることが有効です。取り組み例としては、社員食堂などの運営会社や実際のメニューを決定する際に試食会を開催し意見を募ったり、家具の選定を社員投票で決めたり、自社オフィスの新しい愛称の公募をしたりなどを通じて、プロジェクトの楽しみを共有しています。

　また、竣工後のオフィス見学会を社員向けに実施することで、つくられた意図やプロジェクトのエピソードなどに触れることができます。見学会が難しい場合は、スタートアップガイドブックなどを用意して、オフィスコンセプトや施設概要などが即座に理解できるように試みます。

　これらの取り組みは、新しい環境への慣れや変化を促進し、社員がその空間や機能に対してより深い理解を持ちやすくするためのものです。新しいオフィスの初速を上げるための取り組みによって、オフィスは社員にとって意味ある場になるようにデザインされ、プロセスに参加したメンバーは新しい働き方を広めるアンバサダーにふさわしい存在となります。

プロデュース力が決め手になる今後のオフィスづくり

　結局のところ、「最適解のオフィス」を求める旅は、決して終わりがなく、多様な世代のニーズに合わせて絶えず進化し続けるプロセスだといえるでしょ

う。最適なオフィスデザインは、社会の変遷に対応し、持続的な成長と発展を促すものでなければなりません。社員の個人的な成功と組織全体の成長の両方をサポートするためにも、企業は個々の従業員の仕事へのアプローチを理解し、それぞれが適応しやすいオフィス環境を計画し、運営も含めて提供することが必要です。

　本項で触れてきた取り組み例からみえてくるのは、プロジェクト全体を俯瞰しながら、空間デザインとコミュニケーションデザインをうまく融合させること、またユーザーの意見と専門家の知見を取り入れることで空間やサービスの質を高めていくことの有効性です。そのような総合的なプロデュース力こそが、最適なオフィスづくりにおいては重要なスキルであることは間違いなさそうです。

活動主体のオフィスで重要な観点：
今日、その業務をどこで行いますか？

　コロナ以降、オフィス外での業務も可能なハイブリッドワークが実践されるように
なり、幅広く業務場所が選択できるようになりました。集中作業が多い場合は家で
業務を行うこともあるでしょう。通勤は疲れるし時間もかかります。オフィスでは始
終話しかけられ集中ができません。しかし、1日の生産性をみた場合、それが本当
に効果的なのでしょうか。1日集中業務で終わって問題はないでしょうか……。たと
えば出社したとき、オフィスで人に話しかけられない個室で大きな専用モニターがあ
り、エルゴノミックチェアに座り、個室で業務できるとしたらどうでしょうか。疲れた
場合は1人でリラックスできる空気・湿度・光が調整された部屋があったらどうでしょ
う。集中業務が終わればすばやく出社済みのチームメンバーと打ち合わせも可能で
す。その打ち合わせに最適な場もオフィスにはあります。こう考えるとオフィスの方
が1日の生産性と健康は守られないでしょうか。

　活動主体のオフィスはこのように業務成果が最大化できるスペースの集合体になり
ます。重要な点として、このオフィスを使いこなすには業務への理解が必要になりま
す。「どのような活動で行うことが一番適切か」、この問いを常に自問しなければなり
ません。たとえば、プレゼン資料完成のためにアイデアを出し、まとめ、資料化しな
ければならない、となった場合、アイデア出しであれば壁一面ホワイトボードの会議
室、まとめるには集中する個室、資料化はチームで話しながら行えるオープンスペー
スと場所を選択していきます。

　活動主体のオフィスで重要なのは、この選択するということです。実はこれまで自
席と会議室しかない働き方をしてきたオフィスワーカーには、この選択のハードルが
高くなる可能性があるのです。1人で行う業務は自席ですべてできてしまうし、会議
室と呼ばれる部屋ですべてのコミュニケーションを完了してしまいます。つまり同じ場
所でマルチタスクを行い、2つの場所でほとんどの業務を行ってきたのです。しかし、
活動主体のオフィスではこうはいかず、まず選択することになります。これができな
いと、目的の業務と違うスペースで効率が上がらないまま業務を行うことになります。

そこに「リモートで家から」という選択が加わります。問題は、「家」で働くためには自律的な働き方（自身の管理能力）が求められ、その切り替えが必要となります。そのためにも、適切な場所選択とその場所で何ができるのか（あるいはできないのか）を理解しないといけなくなります。　選択したスペースでは必要な業務を行う活動が的確にできることが望ましく、構築にはその要件定義を精緻に行うことが重要になります。このために関わる業務を分解し必要な要件を出します。

　アイデア出しであれば通常、壁一面のホワイトボードを想像しがちですが、リアルで人が集まらないのであれば、通常の一般的なウェブ会議アプリでなく専用アプリが有効です。また運用するモニターや周辺装備が必要になってきます。壁のホワイトボードより優先度は高いはずです。またいつも活発な意見は出るのでしょうか。この支援としてスタンディングのテーブルを設置するのも効果的です。このように必要な活動を決めると同時に業務の理解も深まっていきます。運営が順調だとしても、現在ビジネス環境変化のスピードも速くなっています。求められる成果が変われば活動も変化し、スペースも変化する必要があります。活動主体のオフィスは変化にも柔軟に対応することが望ましく、対応するために定期的なスペースに対するヒアリングが有効ですが、直近ではセンシング技術を使ったスペースの利用率、状況のデータ化の技術もあり、今後有効になるでしょう。

　最後に活動主体のオフィスはオフィスワーカーが「選択する」ために、常に成果を最大化するスペースが揃い、的確に運営されます。そのために常に変化することも重要です。

全員出社のケース
アイデア出しの環境例

リモートワークありのケース
アイデア出しの環境例

参加者が集まりやすく
作業しやすいテーブル。

多くのホワイトボード面で
アイデアを書き出す。

専用アプリで参加者・資料・ホワイトボードを
必要に合わせウェブで共有する。

全員が
集まらない

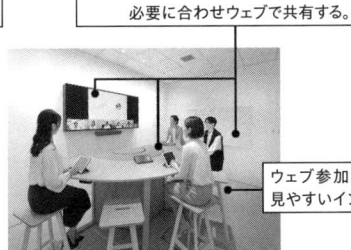

ウェブ参加者からも
見やすいインテリア。

意外と大事な通路の話

はじめに

　都会のマンションに住んでいるみなさん。今、近所づきあいしていらっしゃいますか。通路でお隣さんと出会っても会釈を交わすぐらいの方が多いのではないでしょうか。私たち日本人の日常的なコミュニケーションは減ってきているように思えます。

　さて、その一方で、オフィスの中のコミュニケーションはどうなっているのでしょう。みなさんは、オフィスでのコミュニケーションと聞くと、どんなコミュニケーションを想像しますか。上司や部下との相談を想像する人もいれば、同僚とのミーティングを想像する人もいると思います。私たちは、時には効率的に業務を終わらせるため、時には問題解決のために仲間と情報をやり取りしながら業務を進めます。

　そして、イノベーションなどのキーワードが掲げられることも多い近年では、プロジェクトチームを組んで新しい知をつくりあげていくような創造的な

業務を求められることも少なくないでしょう。集団での創造的な業務ではコミュニケーションを活発かつ効果的に行っていくことが重要とされています。そんな大切なコミュニケーションは、オフィスの中のどこでどんな具合に発生しているのか、研究をみていくことにしましょう。

研究の目的と方法

この研究では、オフィスで行われる対面のコミュニケーションによってやり取りされる「内容」とその「状況」の詳細を把握したうえで、両者の関係を明らかにして、質の高いコミュニケーションを支援するオフィス環境構築の空間特性について考察していきます。

実際に発生するコミュニケーションの内容を把握するために、対面コミュニケーションによってやり取りされる情報内容を5項目に分類して調査を行っています（**表1**）。また、この5項目と、5W1Hを基本とするコミュニケーション活動の8構成要素（**表2**）との関連を分析することで、コミュニケーションが行われる状況の特徴を明らかにしています。これらの結果に基づき、やり取りされる情報内容各5項目の特徴的な「状況」に対応した空間の特性について考察する、というのが研究の流れになります。

表1 コミュニケーションによってやり取りされる内容

項目	概要
1. 知識・情報	主観にもとづく洞察、直観、勘、価値観、考え方、技能
2. 経験則・ノウハウ	はっきりとはこれだと示すことが難しい技能や技巧
3. アイデア	着想、見解、思いつき、概念、想像力
4. やる気	何かを達成しようという気持ち、行動に移す直接のきっかけ、動機付け
5. 答え・解決・新しい方向性・了解	物事が片付くこと、結論が出ること、意思決定

表2 コミュニケーション活動の構成8要素

要素項目名	内容
継続時間	ひとつのコミュニケーションを継続した時間(分)
相手	部門内／部門間／フロア外ワーカー／部門間+フロア外ワーカー
人数規模	コミュニケーション参加人数
場所	コミュニケーションが行われた場所
位置関係	コミュニケーションを行う際の参加者間の位置関係
きっかけ	コミュニケーションが始まった理由　（※質問票より設定）
情報の種類	やり取りした情報の仕事上の位置づけ　（※質問票より設定）
情報の方向	情報を与えたか、得たか　（※質問票より設定）

調査の方法

　実施した調査は、ケーススタディオフィスにおける観察調査です。対象オフィスにはITシステムの企画開発部門が入居しており、そのうち50名を調査対象として2日間で計16時間の調査期間を設けて実施しました。なお、調査・分析のためにオフィス空間を①個人席ゾーン、②主動線ゾーン、③打ち合わせゾーン、④アメニティゾーン（喫煙室／休憩コーナー／自販機コーナー／トイレ）の4つに分類しています。

　調査では、コミュニケーションが発生した際に「時間、人、場所、利用媒体、会話内容、状況」を観察者が記録し、デジタルカメラでその状況を都度撮影していきました。また、分析の補完として、オフィス全体の活動を把握するための「ビデオ記録」と「インターバル撮影」も同時に行いました。

　さらにコミュニケーションが終了するごとに、参加していた調査対象者には質問票を渡し「会話が始まったきっかけ、会話内容、得られた情報の種類（業務上の位置づけ）、得られた情報内容」を記入してもらいました。観察フロア以外で発生したコミュニケーションも聴き取り＊により可能な範囲で必要情報を得るようにしました。

＊被験者の記憶をたよりに、継続時間／相手／人数規模を戻ってきた際に聴き取った。位置関係についても覚えている範囲の情報を得た。

コミュニケーションの観察調査結果

　調査期間内に確認できた対面コミュニケーションは1人当たり1日9.5回で、その多くは①個人席ゾーンで行われていて、平均時間は3分、人数は2名ほどでした（**表3**）。

　次に観測された「対面コミュニケーションによってやり取りされる情報内容」の発生割合を見てみます（**図1**）。最も多いのが「知識・情報」で全体の44％を占めています。次いで「答え・解決・新しい方向性・了解」が30％です。

　一方で、創造的な業務を進めていく上で重要だと考えられる「経験則・ノウハウ」「アイデア」「やる気」の発生率は、3項目を合計しても10％程度しか発生していなかったことがわかりました。

表3 コミュニケーション活動の概要

ゾーン	①個人席	②主動線	③打ち合わせ	④アメニティ	フロア外
回数(回)	666	118	65	17	9
平均時間(分)	3.3	2.1	43.8	5.6	20.8
平均回数(人)	2.1	2.3	4.1	2.0	2.5

図1 「やり取りされる情報内容」各項目の発生割合

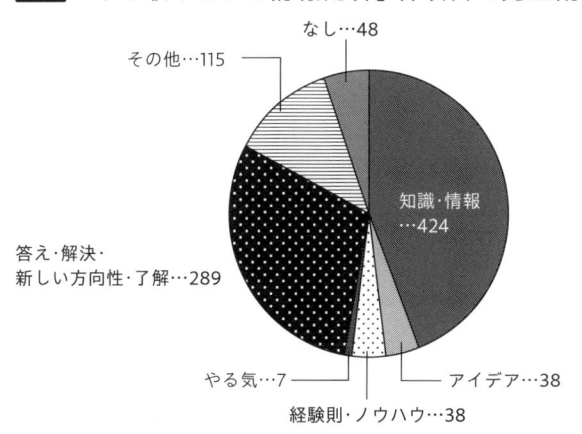

なし…48
その他…115
知識・情報…424
答え・解決・新しい方向性・了解…289
やる気…7
経験則・ノウハウ…38
アイデア…38

コミュニケーションが行われていた状況

　コミュニケーションが行われる状況の特徴を抽出するために、「やり取りされる情報内容」の総数における「コミュニケーション活動の構成要素」の発生割合と「やり取りされる情報内容」以外のコミュニケーション総数における「コミュニケーション活動の構成要素」の発生割合との比を「発生比」と定義して分析を行いました。

　この発生比による分析を「活動の8構成要素」と「やり取りされる情報内容5項目」のすべてにおいて行い、「コミュニケーションが行われる状況」の概要をまとめたのが **表4** です。

　結果として、場所としては主動線が5項目中4項目、きっかけとしてはアドホックが3項目で発生比が高くなっていて、これらがコミュニケーションを支援していく上で鍵を握る重要なファクターだと考えられそうです。

表4 コミュニケーション状況の特徴

	知識・情報	経験則・ノウハウ	アイデア	やる気	答え・解決・新しい方向性・了解
継続時間	—	10-15分	やや長時間	1分未満	長時間
相手	—	—	他部門フロア外	フロア内	フロア外
人数規模	5人	2-3人	4人	2人	7人
場所	主動線	主動線	打ち合わせ、主動線	主動線	打ち合わせ
位置関係	横並び	対面、横並び	横並び	横並び、振り返り	飛び越し、囲い込み
きっかけ	—	アドホック	Scheduled、アドホック	アドホック	Scheduled
情報の種類	将来役立つ	将来役立つ	—	将来役立つ、無関係	直接役立つ
情報の方向	—	—	双方向	双方向	

コミュニケーションを支援する空間的特性

　コミュニケーション観察調査の分析結果から、「やり取りされる情報内容」の各項目における特徴的な状況に対応したオフィスの空間特性について考えてみます。分析結果に対して、観察調査・ビデオ記録・インターバル撮影で見られたワーカーの行動を考慮しながら、細かい要件を設定し、それらをまとめて「やり取りされる情報内容」ごとに5つの「空間パターン」を導きました。

①「知識・情報」のやり取りを支援する空間パターン

- **空間パターン**　主動線上の立ち止まれるスポット
- **詳細設定**
  a　主動線上にまたは主動線付近に配置する
  b　フロアごとに配置する
  c　他の人の通行を邪魔せず溜まることができる
  d　ちょいがけできるチェアや寄りかかれるカウンター
  e　横並びで溜まれるよう工夫

②「経験則・ノウハウ」のやり取りを支援する空間パターン

- **空間パターン**　主動線上のオープンラウンジ
  　　　　　　　　自席付近の予約なしで使える打ち合わせコーナー
- **詳細設定**
  a　主動線上にまたは主動線付近に配置する
  b　予約なしで使える運用にする
  c　2～3人用の椅子やソファなどの家具セット
  d　自席周辺に配置された簡単なミーティングセットも効果的

③「アイデア」のやり取りを支援する空間特性

- **空間パターン**　中規模の打ち合わせスペース
  予約なしで使えるカジュアルなミーティングコーナー
  他部門、外部の人も使える打ち合わせスペース
  カジュアルで休憩がてら話せるスペース
- **詳細設定**
  a　主動線上にまたは主動線付近に配置する
  b　休憩スペースに近接させる
  c　予約なしで使えるフリーなスペースに
  d　長い時間使っても疲れない家具

④「やる気」のやり取りを支援する空間特性

- **空間パターン**　主動線上のハイカウンター
  隣同士で話しやすいワークステーション
- **詳細設定**
  a　主動線上にまたは主動線付近に配置する
  b　フロアごとに配置する
  c　自席付近では少人数で使える家具セット
  d　横に並んで話せる家具セット
  e　ハイカウンターなどの立って話せる設え
  f　コピー機や文房具など共有の機能を集約

⑤「答え・解決・新しい方向性・了解」のやり取りを支援する空間特性

- **空間パターン**　外部の人を受け入れる中規模の疲れない会議室
  パーティションのないワークセッティング
  リーダー付近の打ち合わせスペース
- **詳細設定**
  a　長時間使っても疲れない家具
  b　外部の人が入れるスペースに配置
  c　中規模の会議室
  d　テーブルを囲める家具配置
  e　自席周辺では部門内の「飛び越し」がしやすいセッティングに
  f　自席周辺ではリーダー席付近の打ち合わせスペースも有効

おわりに

　ここまで質の高いコミュニケーションを支援するオフィス環境の空間的特性についてみてきました。創造的なオフィス環境を考える際には、主動線を単なる通路の役割にとどめず、いかにアドホックなコミュニケーションのために活用できるかといった視点が大事になりそうです。この研究は2006年に実施されたものではありますが、対面で顔を合わせたコミュニケーションの重要性は依然として高く、今でも必要な考え方かと思います。

　近年はウェブ会議の普及とともに会議の前後の時間がなくなり、複合機の機能が発展することでコピー中の待ち時間は削減され、禁煙の推進によって喫煙所が存在しないオフィスも増え、偶然の出会いから発生するコミュニケーションの希少性を感じることが多くなりました。オフィスに来て雑談ばかりしているのは良いこととは言いづらいですが、何気ない会話から思わぬ情報やアイデアを得た経験は誰にでもあるはず。いつもは挨拶や会釈程度で終わっているオフィスの主動線でのすれちがいを、価値あるコミュニケーションのきっかけへと変えていける空間を考えてみませんか。

出典：「オフィスにおいて対面でやり取りされる情報の内容とその状況に着目した空間特性の考察」
　　　松本裕司他、日本オフィス学会誌 Vol.1 No.1、2009年3月

グループワークでは
身体を動かせ！

はじめに

　人類はその発生以来、群れをつくって生きてきました。狩りをするときは仲間と連携して獲物をしとめ、安全で清潔な住環境を維持するにも集団であたることでそれを達成してきました。厳しい自然環境や過酷な生存競争に打ち勝ち発展をとげてこられたのは、集団で物事に対処してきたことがその一因なのでしょう。

　現代の私たちは、子供のころから班分けされた中で勉強し遊び友達をつくることを身につけています。グループの中で力を発揮するよう教育されてきたと言ってもいいかもしれません。学校を卒業した後の就職活動でも、企業からグループワークを課されることがあります。これは個別試験や個人面談では見きわめられないグループ内で発揮される能力を確かめることや、グループとしての成果にどのように関与していたかを見るためのものです。企業にとってグループで仕事をうまく行うということはとても重要です。とりわけ、新しい価値を生み出すために行う創造的なグループワークは、異なる専門の人たちが集団で行う連携が必要な活動だといえるでしょう。

　ここでは良いグループワークとはどのようなものなのか、その中で私たちはどのようにふるまっているのかを紐解いていきます。

研究の目的と流れ

ここで紹介する研究の目的は、創造的なグループワークの条件を明らかにすることによって、グループワークを行う環境（空間やツール）をデザインするための知見を得ることです。

なお、ここでいう創造的なグループワークは次のような条件に合うものと想定しています。

a. ゴールは決められているがアウトプットに定型がない
b. 手順がマニュアル化されておらず作業者自らが考えなければならない
c. 作業においての役割分担を作業者が自発的に行う
d. アウトプットの量的な評価だけではなく質に関する多角的な評価が
　 可能

まず、被験者（学生）にグループワークをしてもらい、その際の作業の活性度をメンバーの身体とツールの移動量およびメンバーの発話量によって算出しておきます。その結果と、教員によるアウトプット評価、被験者自身の作業に対する満足度や貢献感の間にある関係性を見つけ出していくのです（**図1**）。

図1 実験のフレーム

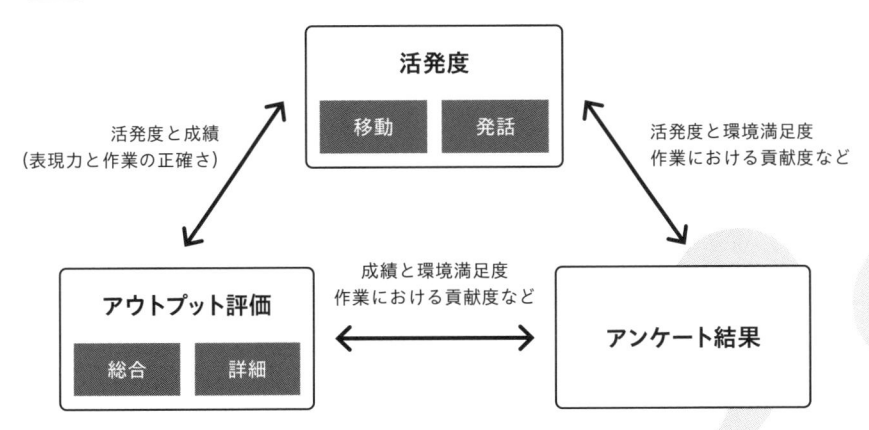

実験の方法　その1

　48名の大学生を4名ずつ12のグループに分け、グループワークをしてもらいました。その内容は、配られた縮尺の異なる地図2枚をもとに総行程2時間程度のドライブルートを計画し、考えたルートを説明するために模造紙に地図を切り貼りしてもらうというもので、作業時間は45分間です。最後にそれを5名の教授および大学院生に10分間プレゼンテーションしてもらいます。これで1セットのグループワークが終了です。

　実験した空間は約36㎡、天井高3350㎜の部屋で、各被験者に椅子、グループごとにテーブル1台（1400W×700D×720H）、ホワイトボード2台（880W×350D×1500H）、文房具一式（ハサミ、カラーマーカー、セロハンテープ、付箋紙、模造紙）を渡して作業をしてもらいました。

　グループワークの活動状況は記録され、プレゼンテーションを受けた教授および大学院生はその出来ばえを評価します。作業終了後、被験者たちには自分たちが行ったグループワークに対する主観評価をしてもらいました。

図2 実験空間

実験の方法　その2

　グループワークがどのように行われていたのか、その活動状況を客観的に評価する指標として、この研究では「活発度」を算出することにしました。さらに活発度を2つの側面、身体の移動活発度[*1]と会話活発度[*2]に分けて記録し集計・分析しています。

　なお、身体や家具の移動に関しては、天井に設置した16台のカメラで撮影した5秒ごとのインターバル画像を平面図画像解析システムで解析し、身体、イス、テーブル、ホワートボードの移動距離を算出しています。
発話は、被験者ごとに指向性マイクを接続したICレコーダーで作業中の会話を録音し、音声解析ソフトで無意味な発話（ため息や咳など）を除いた発話時間と頻度を計測しています。

[*1] 移動活発度 $= \displaystyle\sum_{i=1}^{t} (D_{(1)}i \times F_{(1)}i + D_{(2)}i \times F_{(2)}i + D_{(3)}i \times F_{(3)}i)$

[*2] 会話活発度 $= \displaystyle\sum_{i=1}^{t} (Ti \times fi)$

$D_{(n)}$... n=1：身体分毎水平移動距離
　　　　 n=2：身体分毎起立移動距離
　　　　 n=3：ツール分毎水平移動距離
$F_{(n)}$... n=1：身体分毎水平移動頻度
　　　　 n=2：身体分毎起立移動頻度
　　　　 n=3：ツール分毎水平移動頻度
T ：分毎発話時間
f ：分毎発話頻度
t ：全作業時間（本実験においてはt=45）
i ：作業経過時間

図3 平面画像解析

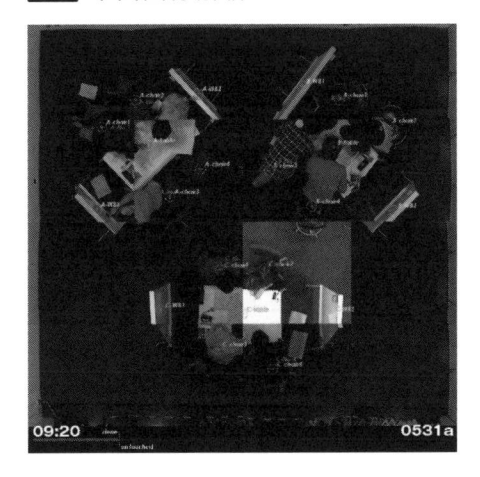

評価の方法

　グループごとのプレゼンテーションが終わったら、評価の時間が始まります。グループワークに対して2種類の評価を行いました。1つは教員によるアウトプット評価。もう1つはグループワークをした本人たちが行う主観評価です。

　アウトプット評価は教員（大学院生含む）5名による総合評価と詳細評価です。総合評価はアウトプットに対して美的点、着眼点、連結点、整理点、主側点の5項目について0〜4点の5段階評価を行うもので、表現力、発想力、統合力などを評価するものです。さらにアウトプットとして最低限守らなければいけないこと（メンバーの氏名の記述など）がなされていれば5ポイントの評価を加えます（**表1左**）。

　主観評価は、被験者が自らの作業がどうだったのかを評価するもので、グループワークへの貢献度や作業に対する満足度など7項目の設問からなるアンケート帳票に回答してもらいました。それぞれの設問に対する評価は＋3から−3の7段階です（**表1右**）。
グループワークの活発度とこれら2つの評価の関係がどのようなものだったのかを見ていくことにしましょう。

結果 その1　個人の活発度

　個人の移動活発度とアンケート結果をみると、作業に対する満足度、達成度に相関があることがわかりました。つまり、身体やツールを活発に動かしていた被験者は作業に対する満足度や達成感を得る傾向があるということです。

　次に、個人の発話活発度とアンケート結果について相関をみてみると、コミュニケーションのとりやすさを答える設問とグループの結束感を答える設問について有意な値があらわれました。このことから、活発に発話した被験者ほど、コミュケーションがとりやすく、グループに貢献でき、グループのまとまりを感じていて、集中して作業できていたと認識していることがわかりま

表1 総合評価および詳細評価項目（左）アンケート項目（右）

総合評価項目	配点
美的点 奇麗に表現されているか	4
着眼点 情報を的確に探し出しているか	4
連結点 独自の情報と結びつけているか	4
整理点 順序立てて説明されているか	4
収束点 トータルで完成されているか	4
合計点	20

詳細評価項目	配点
メンバー氏名	1
タイトルとコンセプト	1
イラストによる解説	1
経路や順序の明記	1
ポイントごとの解説	1
合計点	5

Q1.　作業の行いやすさ
空間やツール等物理的な作業の快適性ではなく、作業がスムーズに進んだか、困難を回避できたかを評価。

Q2.　コミュニケーションのとりやすさ
気兼ねなく自分の意見を表明し、相手の意見を受け止めることができたかを評価。

Q3.　グループへの貢献度
グループの作業に対し、自分が貢献できたかを評価。

Q4.　グループの結束感
グループとして結束し、課題に取り組めたか。役割分担等を行い、グループ内で分業を行った場合等は「結束が緩い」とは評価しない。

Q5.　作業行動の活発さ
積極的にチャレンジする姿勢であったか、主体的に活動したかを評価。

Q6.　作業への集中度
作業に集中してあたれたかを評価。

Q7.　作業に対する満足度、達成感
グループのアウトプットに対して満足しているか。十分な作業が行えたと感じるかを評価。

した。また、活発に発話していた被験者は作業に対して総じて高い評価を行う傾向もありました。

　このことからグループワーク中に活発に動き発話する人ほど、行ったグループワークに対して良い印象を持つと言えそうです。積極性を持ちアクティブにふるまうことは大切なことです。けれども、良いことばかりではありません。アウトプット評価で必要条件の欠落といった注意力を評価する詳細評価

図4 個人の活発度と評価項目との相関

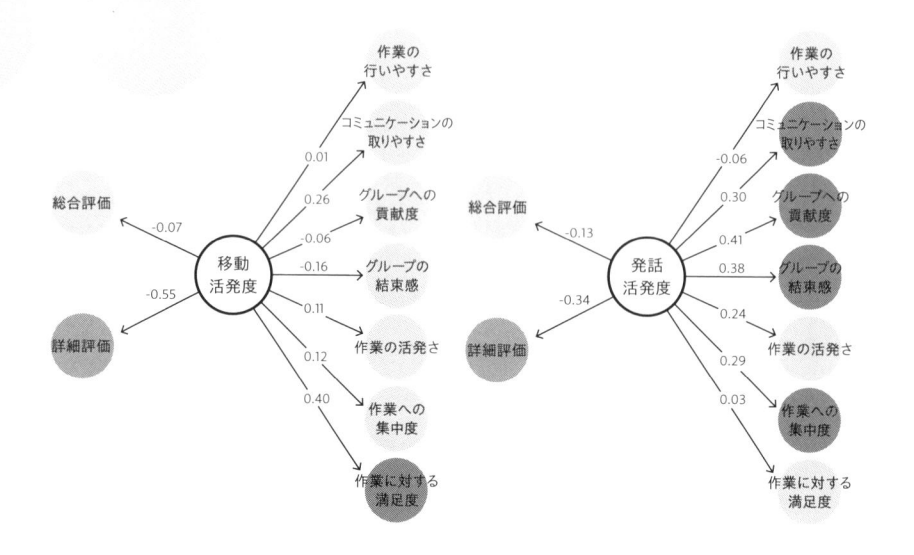

の結果と活発度の間には負の相関がみられます。つまり、活発にやりすぎたせいでしょうか、ややアウトプットに見落としが生じてしまったのだと思われます（**図4**）。

結果 その2　グループの活発度

　グループ4人全体の移動活発度とアンケート結果の相関をみてみましょう。個人の移動活発度の結果と同様に、作業に対する満足度、達成感を答える設問との間に有意な値があらわれました。よって、身体やツールを活発に動かしたグループは、他のグループよりも作業に対する高い満足度や達成感を得る傾向があると考えられます。

　グループの発話活発度とアンケート結果をみてみると、グループの結束感を答える設問と作業活動の活発さを答える設問との間に相関がみられることがわかりました。つまり、活発に会話を交わしていたグループはそうでないグ

図5 グループの活発度と評価項目との相関

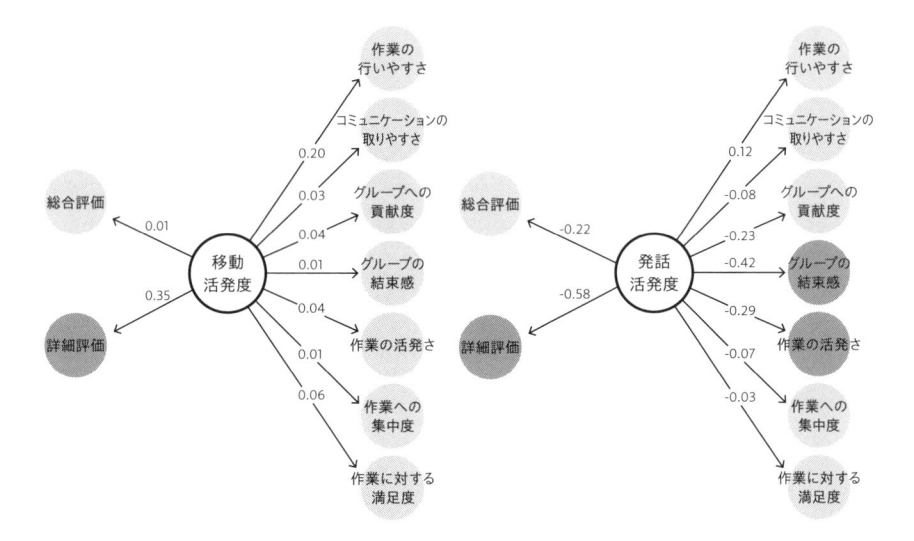

ループと比較して、自分たちのグループはまとまっていたと感じ、作業に活発に取り組んでいたと考える傾向があると言えるのです。

　アウトプット評価との相関性をみてみると、会話が活発だったグループは、個人の活発度評価と同様に、詳細評価との間に負の相関があることがわかりました。にぎやかにやりすぎて細かな約束事を守れない状況だったのかもしれません（**図5**）。

おわりに

　グループワークをしているとき活発に動けば動くほど、その活動に対する満足度が上がり、達成感を得ることができる。活発に会話をすればするほど、グループに貢献でき、グループのまとまりを感じ、作業を集中して活発に行うことができる。これが本研究の結論です。グループワークを行う機会があれば、ぜひ活発に動き、発話するよう心がけてみてください。

このような活発性を促すことが期待できる家具があります。それは立ち作業用のテーブルとスツールです。立った状態で議論すると、椅子に深く腰掛けているときよりも身体を動かすようになります。それは、はじめの一歩を容易に踏み出せるからです。ホワイトボードへのアクセスもしやすくなって書き込む機会も増えますし、他のメンバーとの距離感も調整しやすいため会話を促す効果が期待されます。ただ、前にも述べたように、活発すぎると最終的なツメが甘くなる心配が残ります。最終的な結論を出し、記録をしっかり残す段階では、座ってじっくりと成果をまとめることをお勧めします。

出典：「グループワークにおける身体移動及び発話の活発さと作業評価に関する考察」
　　　池田晃一他、日本オフィス学会誌 Vol.1 No.2、2009年9月

—— 論文紹介 3 ——

ペアタスクは
"斜め隣り"に座れ

はじめに

　レストランやバーでデートするとき、あなたは相手とどのような位置関係で座りますか。真正面？ 斜め隣り？ それとも真横ですか。相手との親密度やその日の思惑によって座る位置を決めている人は少なくないでしょう。そのデートがうまくいくことをひたすら祈って……。

　私たちは課題解決に向けたグループワークをオフィスの中でよくします。そのとき、座席の配置、つまり座り方によってコミュニケーションがうまくとれたり、うまくいかなかったりする。みなさんは、そんな経験をデートだけでなくオフィスでもきっとしているはず。

　この研究では、グループワークの最小単位である「2人のペアタスク」を対象に、ときめいているか（心拍数）、会話が情緒的か（発話中の名詞率）について調べることで、ペアタスクするときの2人の理想的な位置関係を明らかにしています。

研究の進め方

図1のような、横並びの2人と斜め並びの2人がグループワークを行うとき、座席の配置がコミュニケーションに及ぼす影響を実験によって検証してみました。なお、向かい合わせの座席配置についてはすでに他の研究があるのでこの研究の実験では除外しています。

行ったグループワークは「来日3年目の米国人留学生に薦める2泊3日の国内旅行プランを検討する」というもので、実験内容のブリーフィングを行った後、5分間個人タスクとして各自にPCで情報収集をしてもらい、続いて15分間2人で議論(ペアタスク)をしてもらいました。

グループワーク中は、各自の心拍を測定し、会話を録音。グループワーク終了後にペアタスクの出来ばえを自己評価するアンケートに回答してもらうというのが実験の流れになります。

図1 実験対象と実験の流れ

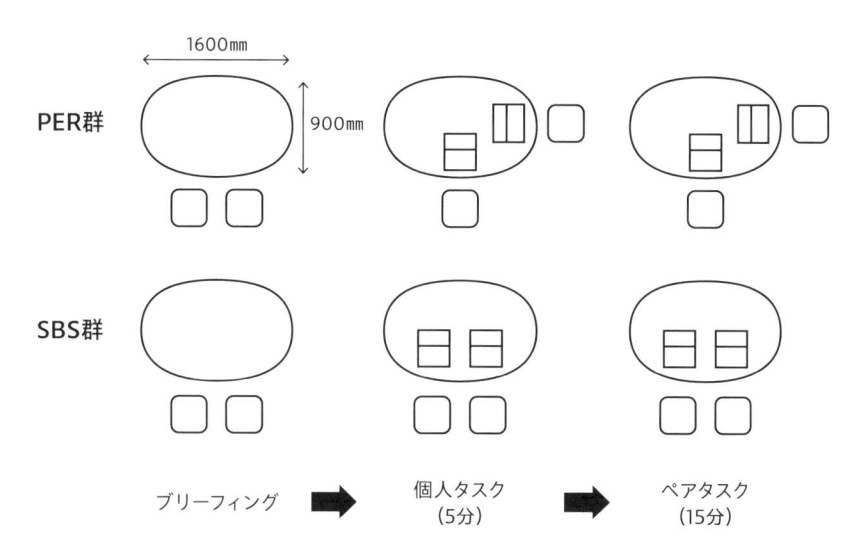

実験への参加者とグループ分け

実験は、以下の2つの座席配置群に分けて行いました。

- PER群（Perpendicular＝直角をなす）：1人がテーブルの長辺側、もう1人が短辺側に座るグループ。
- SBS群（Side by side＝横に並んで）：2人がテーブルの同じ長辺側に横並びで座るグループ。

　この実験に集まった参加者は18〜24歳の大学生20名（男性11名、女性9名）で、彼ら彼女らをPER群とSBS群それぞれに各10名（5ペア）ずつ振り分けてペアタスクを行ってもらいました。

　その際、関係性の影響を揃えるために一緒に参加を希望した友人同士をペアとし、さらに男女の組み合わせの差が出ないように、PER群は、女性同士ペア2組、男性同士ペア2組、男女組1組、SBS群では、女性同士ペア1組、男性同士ペア2組、男女ペア2組としています。

実験結果 その1　参加者の主観評価

　ペアタスク時にコミュニケーションがうまくとれていたかどうかを調べるため、「自分の意見をうまく伝えられたと思いますか？（1：そう思わない⇔5：そう思う）」と「自分が2人の意見をまとめようとしましたか？（1：そう思わない⇔5：そう思う）という2つの設問を、ペアタスク終了後アンケート形式で参加者に訊いてみました。その結果、PER群はSBS群に比べてより強く「自分の意見をうまく伝えられた」「どちらか1人が2人の意見をまとめようとしていた」と感じていたことがわかりました（図2）。

　また、座席選択傾向を把握するために訊いた「それぞれのタスク時、相手との座り方はどれがいいですか？」という設問への回答で、ペアタスク時に望ましいと考える座席配置がPER群では横並びを選好する傾向が低くなることが示されました（図3）。

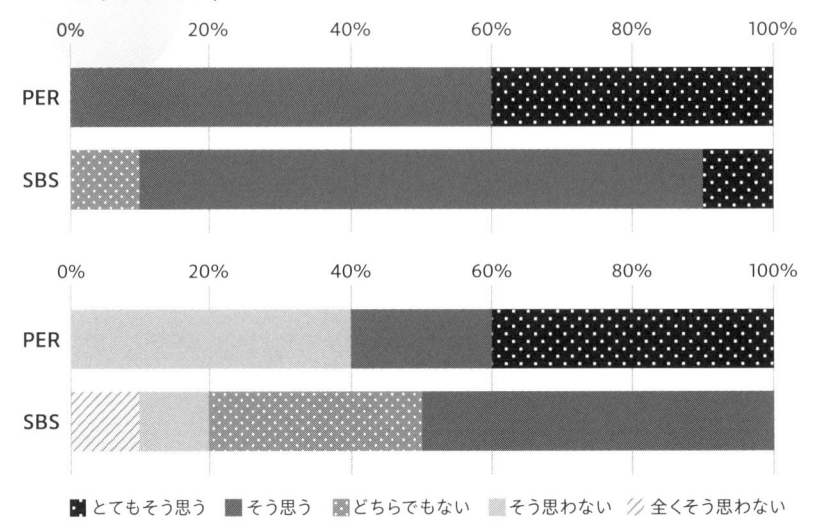

図2 主観評価（上：意見をうまく伝えられたか　下：2人の意見をまとめようとしたか）

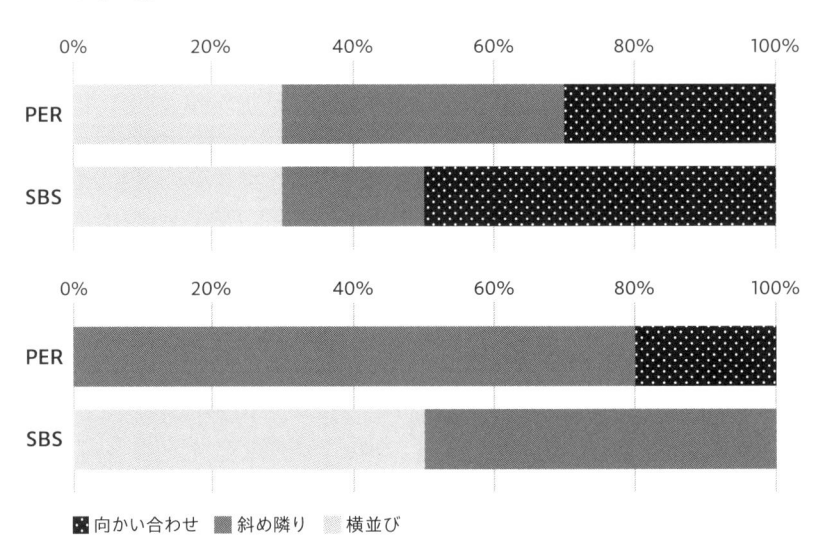

図3 主観評価（希望する相手の座る位置　上：個人タスク時　下：ペアタスク時）

実験結果 その2　発話の分析

　一般的に、会話の中で名詞が多く使われるとその会話は説明的なものになり、名詞が少ないと描写的になるとされています。そこで、ペアタスクにおける発話の全形態素[*1]数からフィラー[*2]数を引いた値で名詞率を分析してみました。

　PER群での会話とSBS群での会話の名詞率を求めてみたところ、PER群と比較してSBS群では名詞率が高くなっていました（表1）。この結果から、PER群はより描写的であり、SBS群ではより説明的だったことがうかがえます。これは、相手の様子をうかがいやすいPER群では対話的なディスカッションになり、反対にうかがいにくいSBS群では独話的な会話となったためだと思われます。したがって、双方向のコミュニケーションを行いたいのであればPER群の座席配置をとるのがいいと言えるのです。

*1　形態素：意味を有する最小の言語単位
*2　フィラー：「ええと」「まあ」など発話の合間に挟み込まれ発話の間をつなぐ働きをする語

実験の結果 その3　心拍数の分析

　個人タスクとペアタスクを行っているときの心拍変動を測定することで、参加者の心身の変化を確かめてみました。心拍変動の指標として用いたのは信頼性が高いと考えられるCVI[*3]とCSI[*4]です。CVIは副交感神経の活性を反映する指標で、リラックスしていると値が高くなります。一方のCSIは交感神

表1 名詞率の比較

BF	ES	Probability of $\mu_{SBS} > \mu_{PRE}$	$\mu_{SBS} - \mu_{PRE}$ EAP(%)	CI	Noun Ratio	EAP(%)	CI
28.2	$8.78×10^{-1}$	$9.66×10^{-1}$	3.33	$[-0.295, 6.95]$	SBS	33.9	[31.6, 36.2]
					PER	30.6	[27.8, 33.3]

BF: Bayes Factor, ES: Effect Size, EAP: Expected A Posteriori, CI: 95% Credible Interval

経の活性を反映する指標で、緊張しているときに高くなることがわかっています。

　PER群とSBS群それぞれで個人タスク時とペアタスク時のCVIとCSIの平均値の差を求めて両群の間に違いがあるのかを分析したところ、PER群では、ペアタスク時のCVIは個人タスク時の値よりも大きくなることが示されました（**表2**）。この結果から、相手に対して斜めの位置に座る状況にいた実験参加者はリラックスした状態でペアタスクに臨んでいたと言えるのです。

*3　CVI(cardiac vagal index)：副交感神経機能指標
*4　CSI(cardiac sympathetic index)：交感神経機能指標

結論と考察

　親しい間柄でのペアタスクでは、お互いの様子がわかりやすい座席配置である"斜め隣り"で座ると、互いの様子がわかりづらい"横並び"で座るときよりも、

- 自分の意見を相手にうまく伝えられる。
- 二人の意見をまとめる際の役割分担が生まれやすい。
- 一方通行の会話でなく対話的な会話ができる。
- 個人タスク時よりもリラックスした状態でペアタスクができる。

　といった点で有効であることが実験によって明らかになりました。

　ただし、この結論はあくまでも2名による実験の結果ですから、人数が増

表2 心拍数の比較

		BF	ES	Probability of $\mu_{pair} > \mu_{ind.}$	$\mu_{ind.}$ EAP	CI	μ_{pair} EAP	CI	
CVI	PER	165	1.19	9.94×10^{-1}	4.16	[4.06, 4.32]	4.33	[4.19, 4.47]	↗
	SBS	3.53	-2.59×10^{-1}	2.23×10^{-1}	4.42	[4.27, 4.56]	4.38	[4.23, 4.53]	—
CSI	PER	4.54	3.05×10^{-1}	8.14×10^{-1}	3.26	[2.58, 3.44]	3.49	[2.92, 4.06]	—
	SBS	11.0	4.76×10^{-1}	9.09×10^{-1}	3.36	[2.64, 4.08]	3.93	[3.35, 4.49]	↗

BF: Bayes Factor, ES: Effect Size, EAP: Expected A Posteriori, CI: 95% Credible Interval

えた場合にも当てはまるかはわかっていません。

　また、ペアワーク時に情報共有のためによく用いられるPCやモニターといったツールの有無によって結果が変わる可能性があることにも留意する必要があります。

おわりに

　ここまでペアタスクという2人で議論しながら仕事を進める際の座席配置について見てきました。どうやら、横に並んで座るのではなく、"斜め隣り"に座るとペアタスクはうまくいくようです。

　このことはペアタスクだけでなく、上司と部下による目標管理面接や実績のフィードバック面接、近年よく実施されるようになった1on1などにそのまま応用できそうです。上司も部下も互いの顔を正面に見る状況は気まずいものです。思わぬ対立を生むのは御免こうむりたいもの。かといって横に並ぶと相手の表情が読めなくて、自分の発言を相手がどのように捉えているかわからず不安感を持ちながら時間を過ごすことになってしまいます。ここでも実験で証明された"斜"の座席配置だとうまくいくに違いありません。

　世の中、1人のときに"斜"に構えるのはいい意味に捉えられないことが多いですが、2人のときには"斜め隣り"に構えるのがいい。私たちは"斜め"の状況を上手に使い分けていかなければなりません。

出典：「ペアタスクにおけるコミュニケーションに座席配置が与える影響」
　　　花田愛他、日本オフィス学会誌 Vol.12 No.1、2020年4月

第2章
変化する環境技術

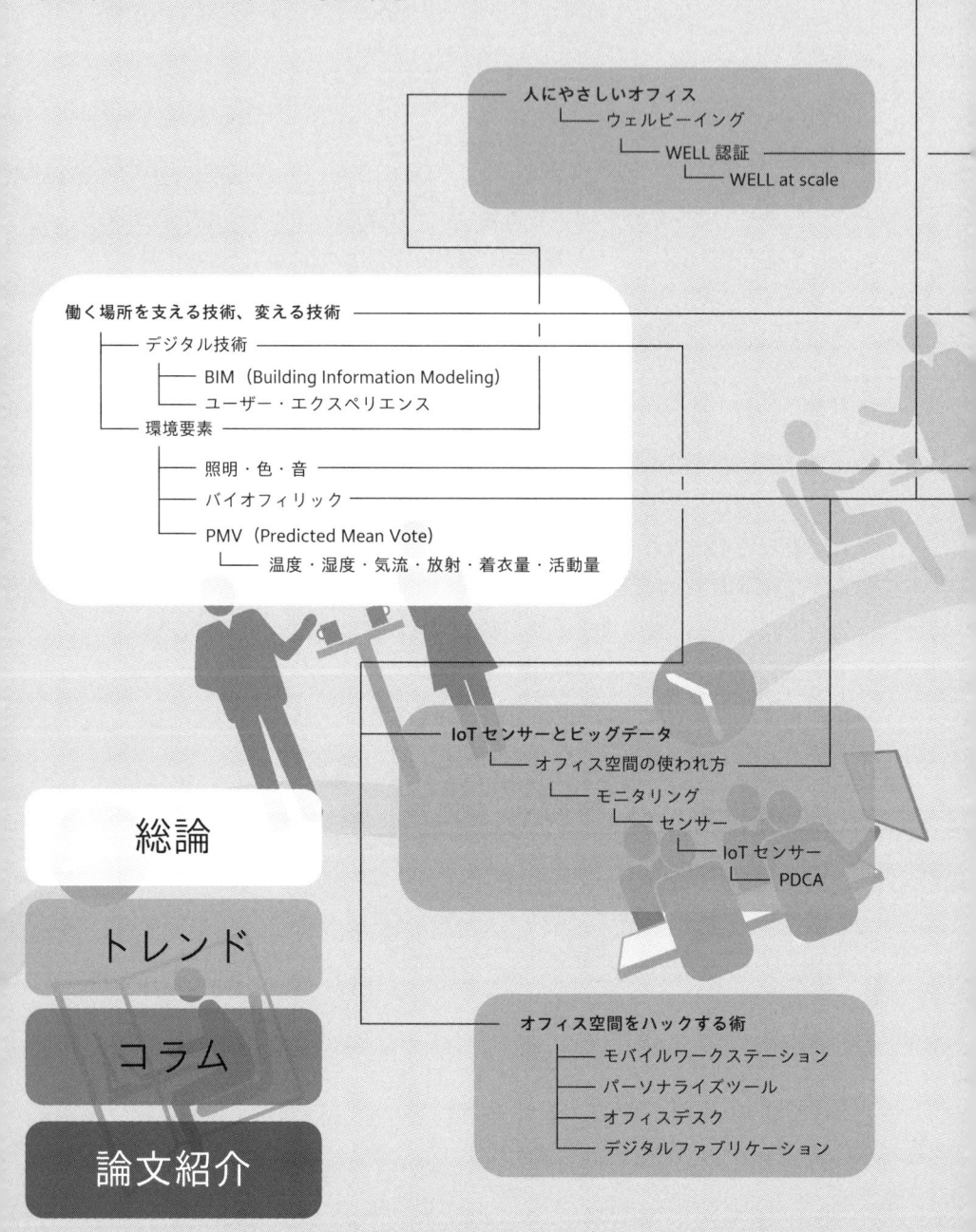

人にやさしいオフィス
- ウェルビーイング
- WELL 認証
  - WELL at scale

働く場所を支える技術、変える技術
- デジタル技術
  - BIM（Building Information Modeling）
  - ユーザー・エクスペリエンス
- 環境要素
  - 照明・色・音
  - バイオフィリック
  - PMV（Predicted Mean Vote）
    - 温度・湿度・気流・放射・着衣量・活動量

IoT センサーとビッグデータ
- オフィス空間の使われ方
  - モニタリング
    - センサー
      - IoT センサー
        - PDCA

総論

トレンド

コラム

論文紹介

オフィス空間をハックする術
- モバイルワークステーション
- パーソナライズツール
- オフィスデスク
- デジタルファブリケーション

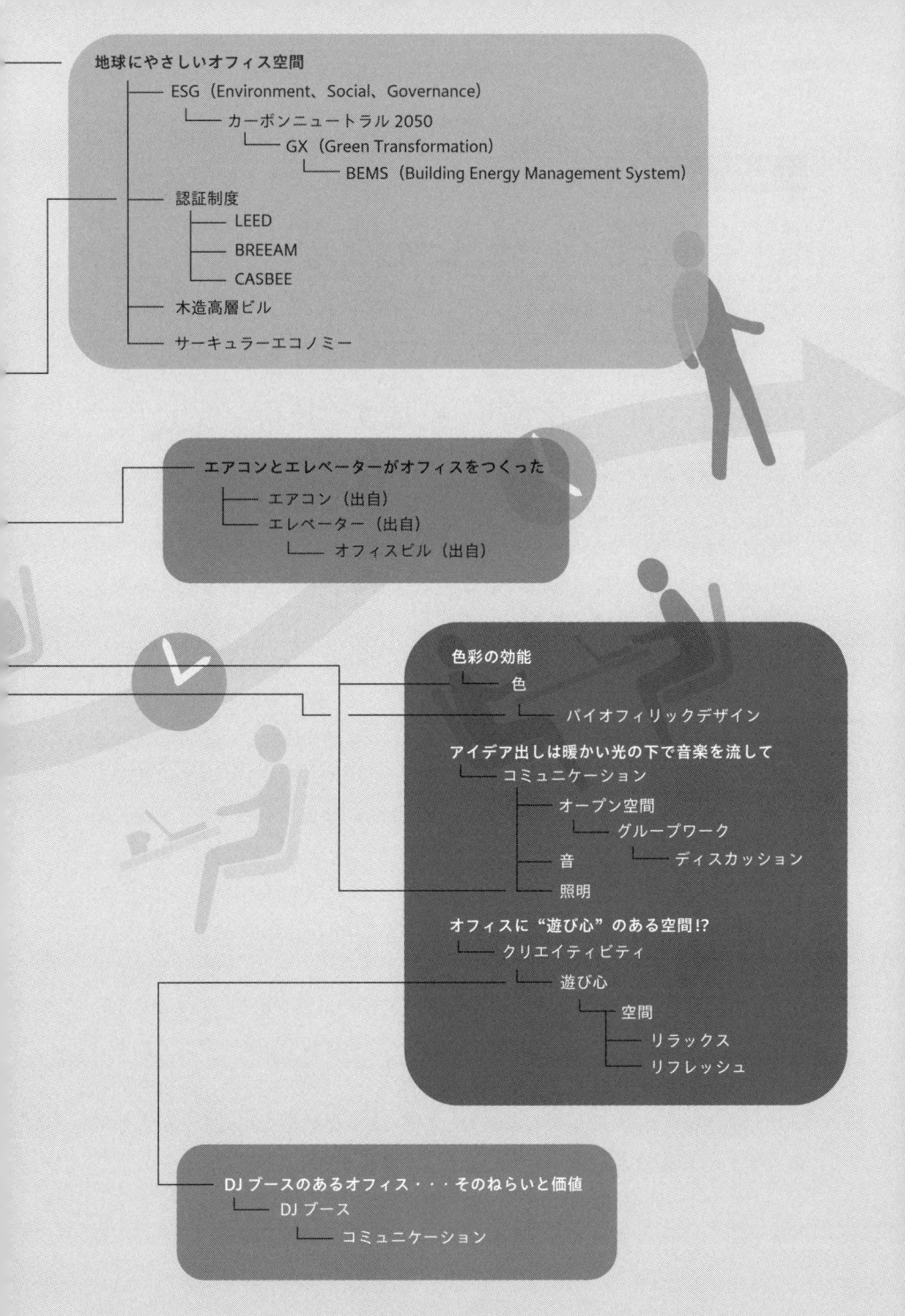

地球にやさしいオフィス空間
- ESG（Environment、Social、Governance）
  - カーボンニュートラル 2050
    - GX（Green Transformation）
      - BEMS（Building Energy Management System）
- 認証制度
  - LEED
  - BREEAM
  - CASBEE
- 木造高層ビル
- サーキュラーエコノミー

エアコンとエレベーターがオフィスをつくった
- エアコン（出自）
- エレベーター（出自）
  - オフィスビル（出自）

色彩の効能
- 色
  - バイオフィリックデザイン

アイデア出しは暖かい光の下で音楽を流して
- コミュニケーション
  - オープン空間
    - グループワーク
      - ディスカッション
  - 音
  - 照明

オフィスに"遊び心"のある空間!?
- クリエイティビティ
- 遊び心
  - 空間
    - リラックス
    - リフレッシュ

DJ ブースのあるオフィス・・・そのねらいと価値
- DJ ブース
  - コミュニケーション

本章を構成するキーワードマップ

働く場所を支える技術、変える技術

構築し、感知し、調節し、把握する技術

近年のデジタル技術の進化は働き方だけでなく、オフィス環境自体のあり方にもさまざまな変化と影響をもたらしています。

建物やインテリアの設計は、2次元の図面から3次元のデジタル空間内のモデルに移行し、そこには形状や寸法だけでなく、部品や設備の仕様などの情報も埋め込まれています。

そうした設計段階の空間とモノの情報は、空間の完成後も日々の運用に活用されます。実空間に設置された各種センサーが利用者の位置や動きを感知し、各種の設備機器（空調や照明など）と連携することで適切な環境条件に調節し、効率的な設備運用を支えています。また、施設の運用状況と人々の活動状況のデータを包括的かつ継続的に把握し分析することは、空間の稼働状況や利用ニーズの変化の理解を助け、オフィス環境の効果的な運用に役立っています。

さらに、これらの構築・運用の技術を効果的に活用することは、オフィス環境の適切な選択と運用を通して、カーボンニュートラルと人的資本経営という2つの経営課題への取り組みを支える手段でもあります。地球にやさしく、人にもやさしいオフィス空間の構築には、それらをスローガンで終わらせないための具体的な知見と方策が必要です。この分野には、建築空間の仕様や運用が、地球環境や人間に対してどのような影響を与えるかを客観的に評価し認証する仕組みがあり、それらの活用が有効です。

空間デザインの新しいツール

　建物の設計段階では、BIM（Building Information Modeling）とよばれる3次元モデリング技術を活用して、空間の形状から各部品や設備の仕様や数量など、多様な情報を一体的に扱うことができます。デザイン作業においては、3次元CGによって空間のアイデアを立体画像で可視化したり、家具や備品のバリエーションの比較検討を画面上で行うことはこれまでも可能でしたが、VR（仮想現実）やAR（拡張現実）の技術を活用すれば、実際のサイズや見え方を疑似体験できます。こうした臨場感のあるシミュレーション技術の活用により、デザインプロセスにユーザー自身も参画し、自由な視点から体験的に検証できるわけです。

　また、検討結果の3次元データをそのまま3Dプリンターなどのデジタル工作機械に送り、デジタルファブリケーション技術を活用すれば、オリジナルの道具や部品を作ることも難しくありません。

　空間のデザインから製作までの工程において、ユーザー自身がさまざまな段階に参加し、設計者と協働できる仕組みが充実しつつあるのです。

効率的運用から
ユーザー・エクスペリエンスの充実へ

　設計段階でBIM技術を活用して作られたデジタルモデルは、実際の建物のライフサイクルを通じて活用できる情報として、継続的に更新されていきます。これらの情報に施設の稼働状況や人々の行動情報を組み合わせれば、行動データに基づいて利用状況を把握しながら設備の運用を最適化することができます。

　そして、こうしたデータ連係の仕組みを、リアルタイムに稼働可能なシステムとして統合できれば、さらに一歩進んで、行動データの発信元であるユーザー自身が自ら調節できるメニューを提供することも可能になります。

　各人のスマートフォンからアクセスできる会議室等の予約システムや各種サービスメニュー、同僚との位置情報の共有アプリなどに加えて、その場の空

調や照明の調節ができれば、よりパーソナルなニーズに対応したユーザー体験が提供できるでしょう。

　もちろん、そうしたユーザーの選択がシステム経由で行われれば、そこに蓄積される設備やメニューの利用状況データは、さらなる運用の効率化と提供サービスの改善にも役立ちます。

雰囲気をつくり、気持ちを支える環境づくり

　オフィスワーカーが選択または調節したい環境要素は、空調や照明だけではありません。内装や家具の素材や色彩から、場の雰囲気に影響するＢＧＭや環境音まで、働く人の身体だけでなく、心に触れる環境要素にも目を向けるべきでしょう。標準的な身体を持たず、社会的な存在でもある人の行動は、その時々の気持ちから影響を受け、そこから表に出てくる行動は周囲の人にも伝わって影響を与えます。

　20年ほど前のクールビズを機に変わり始めた服装の軽装化から、近年の時間・場所の自由度の高い柔軟な働き方の広がりまで、ワークスタイルとワークプレイスがともにカジュアル化してきていることは、多くの人が実感して

図1 人を取り囲むさまざまな環境要素

いるでしょう。

　どちらかといえば無機質で禁欲的な作業空間としてのインテリアはもはや過去のものです。そこで働く人々に向けて望ましい雰囲気を提供し、前向きな気持ちを支えてくれるような場づくりにも、環境技術を有効に活用したいところです。

　光・熱・空気といった温熱環境の要素に加えて、音や色の効果的なデザインも環境の重要な要素です。さらに、それらと内装素材や植栽などを効果的に組み合わせたバイオフィリックな（自然とのつながりを感じる）環境への期待も高まっています。

移動し、場所を選ぶ働き方の支援

　従来のオフィス空間の照明や空調は、もともとは均質な環境条件の実現を目指して設計され、パーソナルな調節などは前提にありませんでした。入居者・用途・行動のどれも特定できないからこそ、柔軟に対応できるように、どこでも平均的な環境を提供しようという考え方でした。

　しかし、そこに集う人々の身体や感覚は多様であり、「平均的な人」や「標準的な活動」は存在しません。たとえ、その場の人に合わせて調節してくれる自動環境の実現が技術的に可能でも、そもそも適切な環境条件の決定にはさまざまな与条件が影響します。

　たとえば、快適な温熱環境を客観的に測定しようとする指標のPMV（Predicted Mean Vote：平均予想温冷感申告）をみても、人の温冷感は温度・湿度・気流・放射・着衣量・活動量という6つの要素から算出されます。

　これらのなかで、着衣量と活動量は人によって異なり（薄着・厚着、歩行・立位・座位など）、直前の活動も影響するでしょう（外から戻ったばかりで汗が引かない、まだ体が冷えているなど）。さらに、感覚や体質には個人差（暑がり・寒がり、汗かき・乾燥肌など）もあります。

　こうした個別ニーズの違いがある以上、オープンな空間に複数人が集まり多様な活動が営まれるオフィスにおいて、誰もが満足するような環境の調節

が難しいのも無理のないことでしょう。

　それなら、あえて適正な範囲内でムラやゆらぎをつくり、人が移動してその時々の自分に合う場所を選べばいいという考え方もできます。選択的移動を前提とするABWなどの働き方が広がっている今こそ、各自に合った快適環境が選べるなら、個別のニーズに対応し、生産性向上にも貢献するはずです（**図2**）。

　移動しながら場所を選んで働くための多様な環境を計画し、自然環境も積極的に取り入れながら、多様な環境特性の提供と調節の仕組みを整備する。そこで働く人は、センサー技術によって互いの状況を確認し、サービスアプリを使って環境を選び調節する。そんな環境を実現するための技術はほぼ出揃っているといえるでしょう。

　日だまりを見つけて居場所を変える猫のように、働く人それぞれが自分に合った快適な場所を見つけられる。そんなオフィスの実現に期待したいところです。

図2 行為に応じて自分に合った場所を選んで働ける環境の提供

地球にやさしいオフィス空間

地球環境配慮が重視されるビジネス環境へのシフト

　企業活動による生態系へのマイナス影響が地球全体に広がっています。企業は社会的責任の要素として、温室効果ガス（GHG）の排出削減や、廃棄物の削減など、さまざまな課題解決が求められます。

　特に、オフィスビルについては、二酸化炭素排出量ををいかに削減するかが重要な施策となり、環境配慮は ESG（Environment、Social、Governance）投資とともに、重要な経営指標となっています。パリ協定のもと 2030 年のエネルギー起源の二酸化炭素排出量の削減目標は、業務その他の部門（オフィスビル）で最も高く 40％の削減対象となっています。そのため、二酸化炭素排出量の削減を実現するには、積極的に省エネルギーに取り組まなければなりません。

地球にやさしいオフィスビルとは

　オフィス空間を提供する「地球にやさしいオフィスビル」とは、環境配慮のあるビルといえます。2050 年のカーボンニュートラル達成の目標の中で、GX（Green Transformation）は重要な要素です。なかでも、再生可能なクリーンエネルギー（太陽光、風力、地熱、バイオマスなど）への転換は重要です。再エネに取り組むビルは価値を高めるでしょう。

　また、延床 1 万平方メートル以上の事務所や学校などは 40％以上、病院やホテルなどでは 30％以上の省エネルギーに取り組んで、初めて「ZEB oriented」として ZEB（Net Zero Energy Building）への取り組みが評価されます。具体的には、高断熱化や日射遮蔽、自然換気により負荷を抑制すること、太陽光など再生可能エネルギーを利用すること、照明や空調機

など設備システムの高効率化が求められます。

　また、給排水や冷暖房、電力消費などを把握して無駄な消費を制限し、BEMS（Building Energy Management System）による設備などの運転制御によってエネルギー削減が実現できます。

　環境配慮ができており、省エネ、省CO_2が実現されているオフィスビルは、ステークホルダーからも高い評価を受けます。同時に、オフィスビル自体を長寿命化することで、さらにCO_2を削減することが可能になります（**図1**）。

オフィス空間の環境対応策

　日本のオフィス空間は、壁床天井が仕上げられた標準床仕様で提供されることが多いですが、欧米では躯体のままスケルトンで提供されることが標準です。商業施設の飲食店舗のようにオフィスを構築しているともいえるかもしれません。したがって、オフィス構築は投資として位置付けられます。欧米

図1 ZEBロードマップ

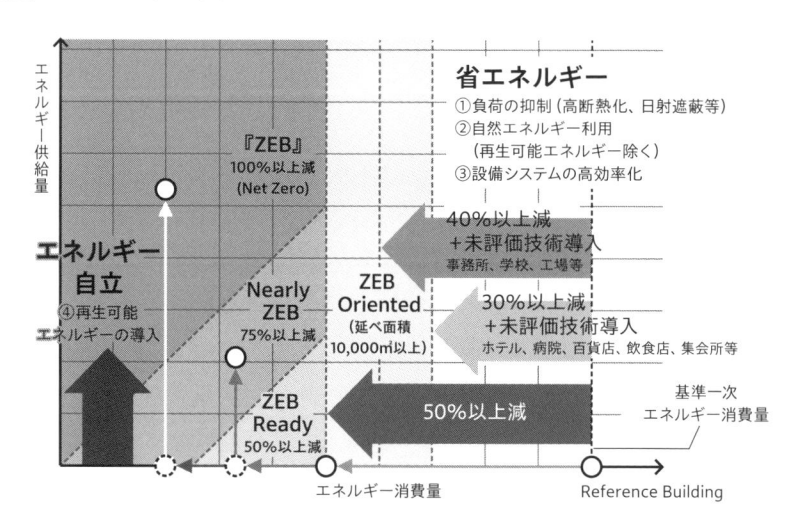

出典：経済産業省資源エネルギー庁「平成30年度ZEBロードマップフォローアップ委員会とりまとめ」
　　（平成31年3月）

では、ファシリティマネジャーがインフィルとして内装空間を仕上げていきます。そのため、環境配慮がきわめて重要で、省エネルギーはもとより、CO_2の排出量の制御や廃棄物を出さないように、リサイクルできるような資材を使ってオフィスをデザインしていきます。

　一方、日本では、すでにオフィスビルの建築状態によって、オフィス空間の環境配慮はおおむね決まってしまうことが多いかもしれません。多様な働き方が広がるなか、センターオフィスに人々を集めるために魅力的なデザインを施すオフィス空間が増えています。しかし、標準床仕様の日本の賃貸オフィスでは、タイルカーペットの色を変えたり、照明器具の色温度を変えたり、まして天井を抜いてスケルトンにしたりすると、オフィスを返却する際には、原状回復義務によって、また元の状態に戻さなければなりません。これによる機器や資材の廃棄、さらに、原状回復時の資材調達や追加工事には、多大のコストが発生すると同時にエネルギーを排出し、廃棄物も生み出します。つまり、日本のオフィス空間は決して地球環境にやさしいオフィスとはいえないのです。それでは、どうすれば環境配慮のできたオフィスをつくれるのでしょうか。また、それをどう評価すればよいのでしょうか。

サステナブルなオフィス空間をつくるために

　オフィスビルの環境配慮に対する認証制度には、米国のLEED®、イギリスのBREEAM®、日本のCASBEE®などがあります。

① LEED

　米国では、1996年にグリーンビルディング評議会（USGBC）が汎用的環境評価指標としてLEED（Leadership in Energy and Enivronmental Design）を開発し、2023年7月時点での登録件数は実に18万件以上に及びます。LEEDには、建築設計（BD）と建築（BD+C）の他に、内装デザイン（ID+C）など5つの分野にわたり認証システムがあります。資源やエネルギーの削減、立地やデザインなども評価対象となっています。

その1つ「LEED v4 Interior Design and Construction: Commercial and Interiors」が、オフィスビルのインテリア設計・建設分野の評価です。オフィスビル内でテナント企業がいかに環境配慮がされた内装設計ができているかという評価で、日本では2023年には紀尾井タワーのJLL東京オフィスが最高ランクのプラチナを獲得しています。

② BREEAM

英国の建築研究所が開発した評価手法には、BREEAM（Building Research Establishment Environmental Assessment Method）があります。欧州諸国では広く普及しており、2023年6月現在で3万4245件の登録があります。こちらも5種類の認証があり、5段階の評価です。アムステルダムのThe Edgeは98.4%というOutstandingを獲得しています。

その他の国の評価制度としては、シンガポールのGreen Mark、オーストラリアのGreen Star、中国の緑色建築設計標識などがあります。

③ CASBEE

日本では、海外の建築物の環境性能評価手法開発の動向を受けて、新築建物向けの評価システムCASBEE（Comprehensive Assessment System for Built Environment Efficiency）が2002年に開発されました。その後、多様な建物を対象範囲に加え発展しています。2024年4月現在、認証取得件数は2324件で、CASBEE不動産の取得が急激に増えています。方法論としては、建築物の環境品質（室内外環境やサービス性能）Qをその環境負荷（エネルギー、資源、敷地外）Lで割った数値BEE（建物環境効率）を指標とします。これを5段階に評価し、最も環境負荷が小さく、品質が最も高いランクをSランクと呼んでいます。これらの環境性能評価の普及は、環境に配慮されたオフィスビルは資産価値が高く評価され、譲渡時にも影響が出るからといわれています。同じく環境性能の高いオフィスビルを利用しているテナント企業もESG対応の意識の高さが評価されるのです。

ビルの木造化、木質化の発展

　近年、脱炭素社会の実現に向けて、日本では建築分野における木材利用のために建築基準法などが改正されてきました。CLT（直交集成板）を用いた建築物の一般的な設計方法等に関して、CLTを構造部材として用いることや、防火被覆なしでCLT等が使用できるようになったのです（**図2**）。

　今後、木造の中高層耐火構造建築がいっそう実現しやすい環境となってきています。北欧のように、日本の大手デベロッパーはこれから木造高層ビルを計画しています。また、構造部材だけでなく、壁床や内装材に木材を用いた木質化の動きも出てきています。林野庁の内装木質化の事例では、シェアオフィスや研究所、宿泊施設や医療施設などさまざまな事例が取り上げられています。

　木に囲まれた空間は、温かみがあるだけでなく、自然で健康的なイメージがあります。さらには、企業のブランディングやエンゲージメントにもつながる空間価値を提供していると考えられています。心身への効果だけでなく、

図2　CLTとメンブレン型建築物

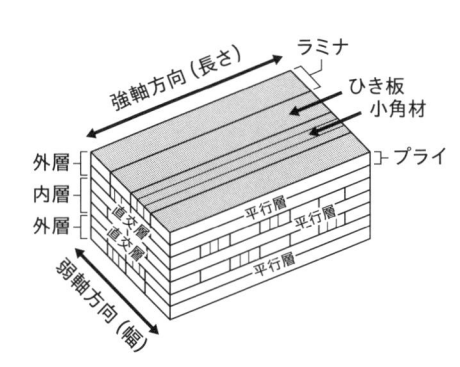

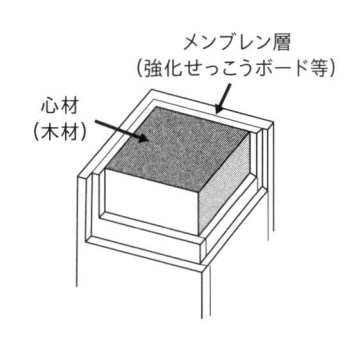

CLT（Cross Laminated Timber：直交集成板）は、ひき板（ラミナ）または小角材をその繊維方向に互いに平行にして幅方向に並べまたは接着したものを、主としてその繊維方向に直角にして積層接着し3層以上の構造を持たせた一般材のこと。

メンブレン型建築物とは、構造耐力上主要な部分である心材（木部）を強化せっこうボード等で被覆することでメンブレン層（耐火被覆）を形成し、所定の耐火性能を確保する工法を用いた建築物のこと。

衛生面や自然を学ぶ効果もあり、さらに生産性向上にもつながるといわれています。また、木材の炭素貯蔵量を計算することができ、樹種別または建築用資材別に炭素含有率からCO_2を固定化することができます。つまり、木質化は地球温暖化防止に寄与することができるのです。

家具のサーキュラーエコノミー

家具分野の取り組みは、木製家具へのチャレンジだけではありません。再生材や間伐材を使って椅子やテーブルを構築するだけでなく、3R（リデュース、リユース、リサイクル）に取り組んでいます。製品の部品や素材ごとに分解し、さらには梱包材まで分解し利用しリサイクルしています。また、メンテナンスやクリーニングにより再利用（リユース）することも可能になっています。これによりゼロエミッション（廃棄物の再利用などを通して、廃棄物を限りなくゼロにしようとする取り組み）を目指している日本企業も少なくありません。このように、サーキュラーエコノミー（循環型経済）の考え方に基づくアプローチをしているメーカーは多く、オフィス関連産業においてもサステナブルな環境経営は企業の重要な戦略の一つなのです。

これからの環境配慮型オフィスとは

さて、これからのオフィスはどうなっていくのでしょうか。化石燃料由来のエネルギーを大量に消費しながら、CO_2やゴミを大量に排出するオフィスはもはや評価されないでしょう。省エネ、創エネ、省CO_2、廃棄物処理、サーキュラーエコノミー、サステナブルな取り組みは必須条件となるでしょう。

さらには、原状回復工事のない居抜きオフィスやスケルトンインフィル契約、木質化オフィスなど、環境配慮の行き届いたオフィス空間が望まれるに違いありません。そのための契約形態や貸方基準なども今後変わってくることでしょう。

そして、地球にやさしいオフィス空間がますます増加していくなか、同時にそこで働くワーカーの環境意識も変わっていかなければならないのです。

トレンド **2**

人にやさしいオフィス

なぜ人にやさしくないといけない？

　2010年初頭から、日本でも「人」を中心としたオフィス設計への関心が集まってきました。当時メディアで頻繁に報道されていた「ブラック企業」という用語へのアンチテーゼとして出てきた、労働環境の良い職場を指す「ホワイト企業」や、従業員の心身の健康を経営的視点で考慮し、促進を図る「健康経営」、従業員の幸福を重視する「ウェルビーイング (well-being：身体的、精神的、社会的に良好であること)」といった概念が注目を集め始めたのです。

　こうした変化の背景には、従業員の満足度や幸福感が直接的に企業のパフォーマンスに影響を与えるという認識の広がりがあります。幸福な従業員は、創造性が高まり、チームワークに対する貢献度も向上します。それにより、仕事の効率が上がり、企業全体の生産性向上につながるのです。また、人にやさしいオフィスには、従業員の離職率を低下させる効果もあります。快適な労働環境は従業員の帰属意識を高め、企業に長くとどまりたいという意識を引き出します。

　会社を運営するのにかかる総コストのうち、約9割が給与や福利厚生などの人的経費といわれています。効率良く会社を成長させるには、まず人に関係する部分に投資することが最も効果的であり、このことが「人にやさしく」あるべき根拠となります。人的資本の充実は、生産性の向上、イノベーションの促進、そして企業の継続的な成長を促す原動力となりえるからです。

　労働人口の減少が進むなかで、企業はより多くの人材を引きつけ、保持するためにも、人にやさしいオフィスづくりを重視する必要があります。特に若い世代の労働者は、単に給与の額だけでなく、職場の環境や企業文化、仕事の意義などを重視する傾向にあります。これからの企業にとって、人に

やさしいオフィスは、優秀な人材を引きつけ、競争力を維持するための重要な要素となるのです。人にやさしいオフィスは、企業の持続可能性においても中心的な役割を果たします。若い世代の労働者が求める価値観を反映し、社員のウェルビーイングを重視することは、企業ブランドの強化にも直結します。

このようなオフィス環境を実現するためには、具体的な基準やガイドラインの活用が有効でしょう。以下に紹介するのは、オフィスのデザインを人間中心の視点から評価し認証する国際的な制度です。

国際的認証制度の概要

国内外で、人間中心の建物指標として広く認知されているものとして、WELL認証（WELL Building Standard）があります。この認証は、建物の設計・建設・運用の実践方法に「人間の健康」の評価軸を加え、ウェルビーイングに影響を与えるさまざまな項目の測定や審査を行い、一定基準をクリアした空間に対して認証をする世界基準の評価制度です。2014年にアメリカのDELOS社が考案しました。

独立性を高めるため、審査および認証は、第三者評価機関であるGBCI（Green Business Certification Inc.）が行います。制度設計や評価制度の運営は、公益企業であるIWBI（International WELL Building Institute）が行っています。

この認証制度は空気、水、食物、光、運動、温熱快適性、音、材料、こころ、コミュニティの計10個のコンセプトカテゴリーにおける計100個以上の項目に基づいて評価されます。評価項目には必須項目と加点項目があり、認証を受けるためには、必須項目をすべて満たしたうえで、必要な数の加点項目を取得している必要があります。加点項目での得点が高い順に、プラチナ、ゴールド、シルバー、ブロンズの4段階のグレードが用意されています（注：2024年現在、WELLv2による）。

審査には書類審査に加え、現地検証での審査があります。1〜3日以上かけてIWBIにより認定された第三者計測機関による、空気や水の質、光、

音、熱の測定に加えて、各項目のチェック、写真による記録が行われます。3年ごとの更新時にも、書類審査と現地審査が必要になります。

認証の効果

　実際にオフィスがWELL認証の基準をクリアすると、どのような効果が得られるでしょうか。その例として、2014年に世界で最初にオフィス用途でこのWELL認証を取得した、アメリカのCBRE社ロサンゼルス・オフィスの例をみてみましょう。

　当時、WELL認証獲得の契機となったオフィス移転の投資額は、従業員1人当たりで計算すると約3600米ドルでした。そして想定されたリターンはというと、1年目で3000米ドル、2年目5000米ドル、3年目6000米ドルと、移転後3年間で合計1万4000米ドルと試算されたそうです。これは、投資対効果としては約3.89倍にもなります。人にやさしいオフィスへの投資は短期間で回収され、さらに利益をもたらすと想定されたわけです[*]。

　CBRE社の例はあくまで1例ですが、WELL認証を取得したオフィスでは、従業員の生産性の向上、健康状態の改善、そして最終的には企業の財務パフォーマンスの向上につながることが示されています。

　日本ではというと、図1・図2のグラフのように、WELL認証の取得が本格化したのは2019年ごろのため、まだ取得件数は少ないですが、2022年から急増し、今後もその勢いが継続すると予想されます。

[*] 出典：健康経営を実現するワークプレイスの新潮流「ウェル標準」. CBRE PROPERTY SEARCH （https://www.cbre-propertysearch.jp/article/office_value_2015-vo17/）

国内の認証制度の概要

　日本国内の評価認証制度としては前節の「地球にやさしいオフィス空間」でも紹介したCASBEEがありますが、建築（新築・既存・改修）、戸建、不動産、ウェルネスオフィス、街区といったカテゴリーに分かれています。

　CASBEE-ウェルネスオフィスでは、建物利用者の健康性、快適性の維

WELL認証件数と登録件数の推移（日本）

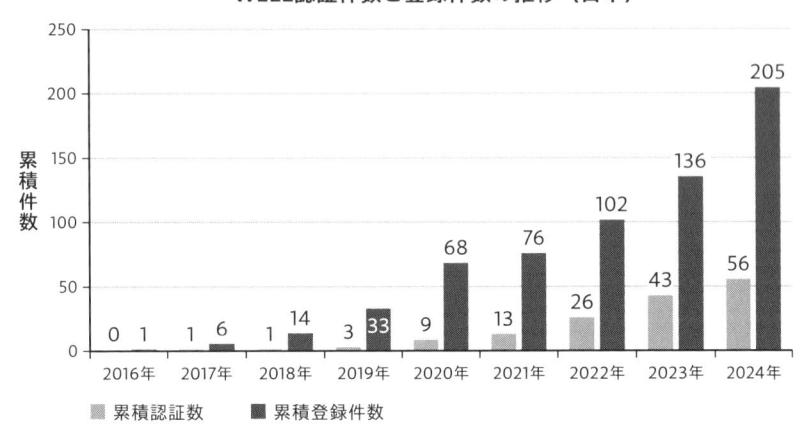

出典：Green Building Japan による公開資料をもとに作成
（https://www.gbj.or.jp/leed-well-report-202405/）

WELL認証件数（世界）　認証：1,478件＋予備認証：542件＝2,020件

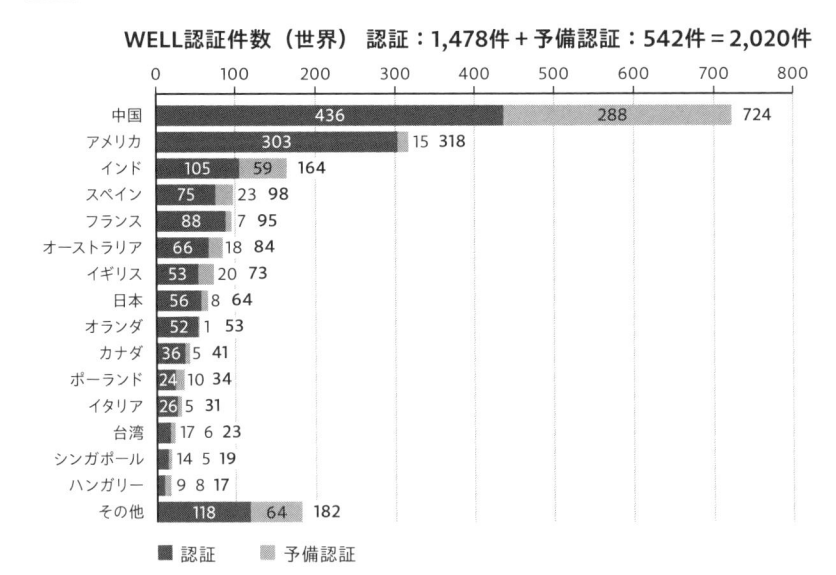

出典：Green Building Japan による公開資料をもとに作成
（https://www.gbj.or.jp/leed-well-report-202405/）

持・増進を支援する建物の仕様、性能、取り組みを評価します。その評価項目には、建物内で執務するワーカーの健康性、快適性に直接的に影響を与える要素だけでなく、知的生産性の向上に資する要因や、安全・安心に関する性能も含まれています。

人にやさしいオフィスを作るためのモノと技術

　従業員の健康を高め、ウェルビーイングに配慮されたオフィスを実践するためには、具体的にどのような家具や技術を導入すればよいのでしょうか。WELL認証の基準を参考に、家具の種類ごとにみてみましょう。ただし、WELL認証の評価範囲は非常に広く、ここであげるのはごく一部の具体的な家具に関わるものだけです。主に、「運動」（動き）に関する部分をピックアップしています。

①視覚に関する人間工学をサポートする

　モニターやキーボード、マウス等の入出力デバイスについて、ユーザーによりモニターの高さや視野角、水平距離が調節できるようにします。デスクトップPCをワークステーションで使用する場合は、モニター側に調整機能が備わったもの、または調整機能が備わっているモニタースタンドやアームを使用します。ノートPCをワークステーションで使用する場合は、外部キーボードやマウス、およびノートPCスタンドを利用するか、要件を満たす外部モニターを使用します。

②高さ調節可能な作業面を提供する

　すべてのワークステーション（デスク）の25％以上を、座位にも立位にも調整可能であるようにします。電動や手動の上下昇降デスクを使用するか、天板面に取り付けるオプションにより作業面や入出力装置を座位や立位に調節できるようにします。

③椅子の調整機能を提供する

　座面の高さが調整可能なものを選びます。加えて、シートの奥行が調整可能または約43センチメートル以下であり、かつ、背もたれの角度やランバーサポートの調整、アームレストの高さや距離の調整ができることが必要です。

④スタンディングワークステーションでのサポートを提供する

　基本的には、従業員が定期的に勤務時間の50%以上の時間を立って過ごさないようにする必要があります。または、立ち仕事が多く50%以上立って作業する職種（組み立てラインやカウンター業務等）には、抗疲労マットやフットレストやハイスツールを組み込み、立ち作業者のサポートをします。

　他に必要な要素としては、次のようなものがあります。

- 階段がオフィスにあり、位置的にも視覚的にも目立っていて、従業員が積極的に使える
- 各フロアに、音楽、アート、自然光、自然物、ゲーム要素を取り入れる
- 自転車用の駐輪場がオフィス近くにあり、無料で利用できる
- 必要な数のシャワーやロッカー、更衣室を用意する
- 歩行者優先道路に接続していて、歩行者にやさしい環境である
- 身体活動や健康構造を自己監視できるウェアラブルツールを従業員に提供する

これからの人にやさしいオフィス

　世界的な視野で見ると、人にやさしいオフィス環境の構築は、オフィス内だけにとどまらず、入居空間を囲む周辺環境との調和も重要視されています。ランチタイム、公園、通勤の利便性など、従業員の生活全般にわたるウェルビーイングへの配慮が求められています。このため、ビル全体や周辺環境までを包括した健康経営を目指す動きが加速しており、企業はオフィスだけで

はなく、コミュニティや周辺環境とのつながりをどのように強化するかを考える必要があります。

　さらに、世界的なトレンドとして、「WELL at scale」という新たな認証制度が登場しています。これは、建物単体だけでなく、その企業・組織が有するすべて、もしくは複数の建物・空間が WELL であることを目指すもので、企業の健康経営への取り組みをより広範囲に拡大しようという試みです。企業は単一のオフィスにとどまらず、グローバルに展開するすべての拠点で一貫したウェルビーイングの基準を確立し、持続可能なビジネスモデルを構築することが求められています。

　人にやさしいオフィスを実現するためには総合的なアプローチが必要で、コストや手間、時間はかかりますが、結果として企業は従業員一人ひとりの幸福を支えるだけでなく、社会全体の持続可能性に貢献することができます。人にやさしいオフィスは、単なるトレンドではなく、より良い未来への投資であり、企業の社会的責任を果たすための重要なステップなのです。

エアコンとエレベーターがオフィスをつくった

　多くの人が指摘しているとおり、オフィスビル、とりわけ高層建築が実現した背景にはエアコンとエレベーターの発明があります。しかしながら、エアコンとエレベーターによって、オフィスワーカーはビルの中に閉じ込められた、とも言えます。

　最初にエアコンが実装されたオフィスビルは、フランク・ロイド・ライトが設計したラーキン・ビル（1906年竣工）だと言われています。しかしながら、規模的には5階建てのビルであり、決して大きな建築ではありませんでした。他方、エレベーターが初めてオフィスビルに実装されたのは1870年でニューヨークのエクイタブル生命ビルでした。それは7階建てでしたが高さが40メートルあったため最初の高層建築と言われることもありますが、後の摩天楼（スカイスクレーパー）からみればラーキン・ビル同様、小規模とも言えます。そして、このエアコンとエレベーターの発明が後のオフィスビルの特徴を決定付けることになります。

　多くの場合、オフィスビルは高層化されていて、上述のとおりニューヨークの摩天楼群が代表的です。そもそも、高層建築は美学的には未来の都市や、明日の建築の姿を表す代表として、20世紀の初頭には数多くのビジョンが示されていました。しかしながら、それを実現したのは建築家ではなくビジネスマンたちでした。建築史家のコーリン・ロウは、アメリカで実現された摩天楼とは建築家たちの"思想"にもとづいたものではなく、敷地面積の最大化、つまり敷地面積を可能なかぎり積み重ねることによって最大の床面積を獲得するというビジネスマンのプラグマティックなソリューションであったと指摘しています。そして、この床面積の最大化を実現するために必要不可欠だったのが、高層階でも窓を開けることなく空気環境を管理できるエアコンと、高層階まで続くエレベーターの実装でした。

　ところが、この高層化によって大きな問題が起こりました。それは、ランチタイムに起こりました。20世紀初頭のエレベーターは、現在のようにコンピュータで運用管理しているわけではないので、ランチタイムにワーカーがエレベーターに集中すると、ビル内のワーカーをビルの外に出すために多くの時間を要しました。ビルの外に食事しに行こうと思っても、ランチタイムの時間内にビルから出ることができない人が多

数出てきたのです。

　これを解決するため、たとえば、摩天楼の思想家であるハーヴィー・ワイリー・コーベットは、空中遊歩道を設け、エレベーターを使わなくても空中で隣接するビルに行き来可能な計画を提案します。同時に、人や電車、車の動線を分離し、合理的な都市計画を提案していました。

　しかしながら、このような発想は実現せず、現実的な解決策として採用されたのが高層建築の"都市化"でした。つまり、ビルの外に出て行かなくても、それぞれのビルの中にレストランを含めた都市機能が"すべてある"という、これまたプラグマティックな解決策でした。

　以来、私たちはオフィスビルの中で完結して働けるようになった半面、オフィスビル、すなわちオフィスに閉じこめられることになったのです。

　そして、現在、高度なICTの普及に伴い、私たちは働く"場"(や時間に)拘束されることなく自律的に場所や時間を選択できるようになろうとしています。そして、同時に新しいオフィスビルの有り様や、センターオフィスの定義が再考されようとしているのです。

未来の都市 (ハーヴィー・ワイリー・コーベット、1913)

IoTセンサーとビッグデータ

オフィス空間の使われ方を試行錯誤する時代へ

　新型コロナウイルス感染症の拡大により働き方に変化が起き、リモートワークが普及しました。しかし、感染が落ち着いたあとは、従来のオフィス勤務に回帰する動きが出ています。

　オフィス向けの屋内位置情報サービスを提供する株式会社ビーキャップの出社率調査（**表1**）によると、新型コロナウイルス感染症が5類に位置付けられた2023年5月8日以降、企業の出社率が増加していることが明らかになっています。特に金融やメーカーについては、オフィス勤務への回帰が顕著に現れていますが、商社やソフトウェア・通信については20%前後に落ち着いているようにみえます。これらの違いはどこから生まれてくるのでしょうか。

　2022年度の日本オフィス学会オフィス投資価値研究部会の発表では、日系企業のオフィスを視察およびヒアリングした結果を「ルール」「ツール」「プレイス」の観点で整理し（**表2**）、各企業が考えている課題や成果、経営方

表1 オフィス出社率の推移

コロナ5類感染症移行
▼

	2023/1	2023/4	2023/5	2023/6	2023/9
金融	44.7%	33.8%	45.0%	55.8%	60.4%
広告・出版・マスコミ	35.9%	25.1%	41.3%	41.6%	44.2%
メーカー	31.1%	32.8%	37.6%	50.6%	54.6%
サービス・インフラ	30.6%	27.4%	32.8%	37.9%	45.7%
商社	31.1%	21.5%	30.5%	31.8%	31.5%
ソフトウェア・通信	17.3%	17.9%	21.2%	20.9%	17.6%
平均	31.8%	26.4%	34.7%	39.77%	42.33%

n=104
各月の第2週における平日の各企業ごとの出社率の平均値を算出

表2 日系企業4社のルール、ツール、プレイス

		ルール	ツール	プレイス	成果	課題	経営方針（オフィス投資評価基準）
A社		・完全フレックス ・テレワーク制度 ・分散型ワークのための各制度／ルール適用	・専用ビデオ会議ツールの採用 ・クラウドへの移行、マルチクラウド活用（業務プロセス自動化）、ビジネスチャット・ウェブ会議、情報発信スタジオ	・分散型ワークオフィス機能再編、ABW採用（スタッフ）、ハブ（本社機能）とイノベーションベース（一般）、テクニカルベース（技術）	・働き方改革を推進 ・本社6割削減、通勤時間削減（スタッフ） ・出社率2〜3割	・今後のハイブリッドワークの定着化 ・働き方に合わせた評価尺度と評価の仕組みづくり	・自社成長の取り組み ・社会への価値提供の取り組み ・オフィス投資効果
B社		・「トライブワーク Tribe work（グループコラボができる）」運用ルール	・「リモートサークサポートツール」の整備（スタジオ機能）、時間配分、グループウェアの利用	・トライブスペース、ABWコーナー、ファミレス席、1on1、サテライト選択可、機器説明リモートスタジオ、ライブラリー（ペーパーレス）	・コロナ禍での経費削減の結果からオフィス改革に着手（再投資） ・オフィス面積25%削減 ・出社率4〜5割	・運用ルールの定着、ツールの使いこなし ・KPI設定もこれから	・親会社の働き方改革が引き金 ・拠点統合と全グループのスリム化
C社		・一部裁量労働制導入、コアタイムなしフレックス	・クラウド化、グループウェア、PBX、居場所がわかるアプリ、仮想デスクトップ	・フリーアドレス、コラボレーション、レイアウト変更できるオフィス ・ヘルス（健康）エリア	・1人当たりの専有面積が増えた（社員安心対応）、ニューノーマルな働き方の実現 ・出社率4〜5割	・事業部門をまたいだコミュニケーションは課題。業務特性によってハイブリッドができない	・パフォーマンス最大化 ・ニューノーマルな就業方式への転換
P社ベンチマーク		・テレワーク制度、コアタイムなしフレックス、育児休暇、Weekly 1on1、固定インターネット手当、自宅テレワーク環境手当	・1on1会議ツール、専用ビデオ会議ツール、サンクスカード、居場所がわかるアプリ、クラウドPBX	・フリーアドレス、パーソナルブース、変化できるオフィス、緑、香りの演出	・業務成長、採用効果、モチベーション上昇（毎月調査）、離職率改善、結婚退職改善、育児休暇率上昇 ・出社率1〜2割	・人材教育、対面／リモートによる温度感の差 ・予期せぬ環境の変化が不十分	・投資価値の評価期間（中期経営計画5年間） ・利益での評価 ・トップダウンアプローチ ・ルール、ツール、プレイスの循環連動
KPI		・ルール、ツール、プレイスの取り組みの順番が重要か（時系列）？	・Office Techの具体策 ・ほとんどがグループウェアの導入とウェブ会議、スタジオ発信	・リアルとバーチャルの組み合わせ合い ・本社スペースのあり方 ・運用モデル	・コスト削減と生産性 ・モチベーションとQOL ・評価尺度をどう見るか？	・ハイブリッドワークに挑戦する一般企業が抱える課題と解決の糸口の提示	・トップダウンアプローチの必要性 ・利益再配分の投資 ・無形資産投資は別

針（オフィス投資価値基準）はさまざまであることを示しました。

　まさに、日本企業はこれまでの「全員出社」という勤務形態から、緊急事態宣言を受けた「在宅勤務」に強制的に移行した結果、そのバランスをとるための「ハイブリッドワーク」を始めたばかりであり、各企業が試行錯誤している段階なのです。その結果として、業界ごとに出社率の推移が異なっていることがわかりました。

オフィス運用をモニタリングする必要性

　各企業が試行錯誤したオフィス空間については、それぞれの「ねらい」があります。オフィス空間がねらいどおりに運用されているのかを定性的・定量的に把握し、改善する必要性が従来よりも高まっています。定性的な調査については、従来同様、社員へのアンケートをとる方法が一般的です。一方で、社員アンケートについては、評価の主体が社員の価値観に委ねられるため、意図した結果につながらないケースも見受けられます。そこで、近年普及してきている手法として、「IoTセンサー」を活用したモニタリング（**表3**）があげられます。

　これらの手法が手軽に実現できることで、自社のねらいに応じた職場環境として運用できているかどうか、たとえばコミュニケーションスペースには社員が集まっているのか、個室ブースの換気は徹底されているか、会議室の利用人数は適切なのかなどを、客観的で定量的なデータとして把握することが可能になりました。また、前月との比較や各拠点の平均値など、データの推移を把握することも容易になり、投資効果の判断材料も増えました。

　なかでも、特に注目されているのが出社率などに代表される「社員がどこで働いているのか」を収集した、いわゆる行動データのモニタリングです。デロイト　トーマツ　ミック経済研究所による『リモートワークソリューション市場の現状と展望　2023年度版』では、調査対象ソリューションとして「従業員所在可視化・管理ソリューション」が定義されました。その定義によると、「Wi-FiやBeacon、スマートフォンの地磁気センサーなどにて、オフィスに出社している従業員の位置を測位し、測位データをリアルタイムで可視化す

表3 主要なIoTセンサーとその用途

IoTセンサー	給電方法	設置場所	受信方法／通信方法	主なモニタリング用途
①温湿度センサー	電池式	机の下	ゲートウェイ／LTE	仕事に適した温湿度を保つため
②CO_2センサー	ACアダプタ	机の下	ゲートウェイ／LTE	仕事に適したCO_2濃度を保ち換気を促すため
③照度センサー	電池式	机の上	ゲートウェイ／LTE	仕事に適した明るさを維持するため
④人感センサー	電池式	机の下	ゲートウェイ／LTE スマートフォン／LTE	オフィスの混雑状況を把握するため
⑤着座センサー	電池式	机の下	ゲートウェイ／LTE スマートフォン／LTE	オフィスの混雑状況を把握するため
⑥位置情報ビーコン	電池式	机の下	スマートフォン／LTE	オフィスの混雑状況の把握や社員間のコミュニケーションを促進するため
⑦電力量モニター	ACアダプタ	分電盤内	ゲートウェイ／LTE	オフィスの省エネ対策のため

る。また、測位データからオフィス内の利用状況や稼働率といったデータの集計・分析を行う。"誰"が"どこにいる"を可視化することでコミュニケーションを補うとともに、データ分析結果により、レイアウト変更や移転などを含めオフィス管理に活用できる」と記されています。この分野のデータ活用、モニタリングは今後ますます活用が進むと考えられます。

それでは、具体的にどのように行動データの活用は進んでいくのでしょうか。実際に行動データを活用している企業を3社紹介します。

データを活用したオフィスの最適化を実現

三井不動産では、スマートフォンに専用アプリをインストールし、位置情報ビーコンを社内に設置することで、誰がどこで働いているのかを可視化す

るサービスを導入しました（ **図1** ）。

　同社は、2019年に日本橋室町三井タワー（東京都中央区）にオフィスを移転しました。新オフィスのコンセプトである「CROSSING」には、社内外の人々との出会いや交流、情報とアイデアが行き交う場にしていきたいという想いが込められています。このコンセプト実現のために、社内外とつながってイノベーションを創出する環境づくりや、社員の健康増進、生産性や効率の向上には、時間と場所を選ばない多様な働き方の実現が重要と考えました。そこで、社員の位置情報が把握できるツールが必要だと判断し、導入を決定しました。

　同社は、移転後も継続的に社員の働き方やオフィス利用状況について観測をし続けており、そこで見えてきた課題に対して施策を講じるなかで、22年には一部オフィスレイアウトの変更も実施しています。このレイアウト変更は、社員アンケート調査から、コミュニケーションの活性などが課題になっていることがわかり実施したもので、社員同士の偶発的な出会いが増加する

図1 三井不動産における活用事例

  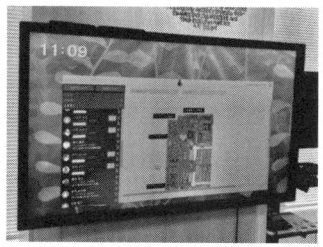

ような工夫がオフィスレイアウトに盛り込まれました。同社はレイアウト変更の効果測定として、社員向けアンケート調査に加えて同ツールを活用し、社員同士の遭遇が増加したことを行動データによって定量的に観測しています。

　また、社員アンケートで得られた「コミュニケーションの機会が増えた」という定性的な調査結果と組み合わせて効果検証を行いました。同社は、今後も同ツールによる行動分析に基づいてPDCAサイクルを回しながら、より良い働き方とオフィススペースを追求していきたいと考えています。

センサーを活用した効率的な出社予定管理を実現

　日清食品ホールディングスでは、センサーを活用し社員の位置情報を把握するとともに、独自の「出社予約システム」を開発しました。これにより、部署ごとの出社率管理を迅速かつ効率的に行なっています（図2）。

　同社では、完全フリーアドレス制の導入に合わせ、社員同士がお互いの居

図2 日清食品ホールディングスにおける活用事例

場所を把握するためのツールとして、センサーの活用を始めました。2021年3月に完成したオフィス「NISSIN GARAGE」は、「ニューノーマルな働き方の追求」をコンセプトに、「生産性200%の達成」と「原点回帰によるハングリー精神の再燃」の2つを軸として、日清食品の創業者・安藤百福が「チキンラーメン」を開発した研究小屋（GARAGE）をイメージして創り上げたそうです。

さまざまな部門の社員が同一空間で接点を持ち合い、偶発的に出会うことで想定外の気づきを得る「カジュアルコリジョン」を誘発し、新たなアイデアやクリエイティブな発想を創出させる空間設計によって、「生産性200%」を実現する働き方をサポートしています。ただ、このオフィスはカジュアルコリジョンを生み出しやすい一方で、誰がどこにいるかが把握しづらいという課題がありました。その課題の改善に資するツールを検討し、センサーの導入を決定しました。

同社では、新型コロナウイルス感染症の5類移行にともない、「40%上限」としていた出社率を「40%目安」にまで緩和しました（2023年5月時点）。出社機会の増加に備え、「部署ごとの出社率」や「日々の座席使用状況」を把握するための機能を独自に追加した「出社予約システム」を開発しました。

それまでは社員の出社率をExcelで管理していたため、入力する各部署の担当者はもちろん、入力された情報をチェックする総務部のスタッフにも大きな負担がかかっていました。しかし、「出社予約システム」の導入後は各部署の出社率が自動的に計算され、リアルタイムで更新されるため、入力担当者と管理者双方の業務効率が大きく向上しました。

従業員の動きを可視化した働き方のモニタリング

あるメーカーでは、日々の従業員の動きを可視化する取り組みを始めています。ビルのフロアをまたいだ移動およびフロア内移動の動線を1日ごとにウェブブラウザ上で表示できるツールを導入しました（**図3**）。

この機能の導入により個人ごとにオフィスの使い方がどのように異なるのか、具体的なオフィスレイアウトと照らし合わせて動きを確認することができ

図3 移動動線を把握した事例

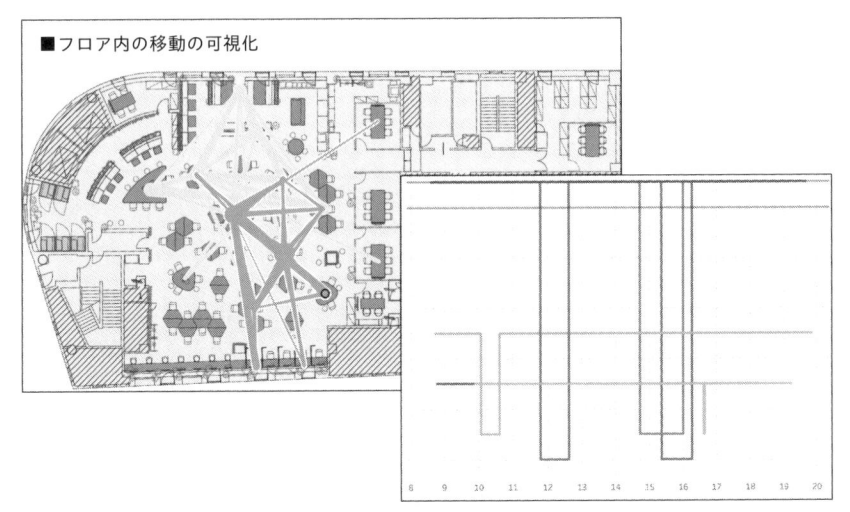

■フロア内の移動の可視化

■フロア間の移動の可視化

るようになり、従来よりも精度の高い仮説検証が可能になりました。これによって、オフィス空間の活用や働き方のルール改善などに活用できます。従業員の日々のありのままの働く姿の行動データを収集することで、実態に沿ったオフィス空間作りのヒントを得ることができるようになり、得られたデータからはさまざまな観点で仮説に基づく検証が可能になりました。

さまざまなプレイヤーとの連携により高まる IoTデータの付加価値

　IoTセンサーを活用したモニタリングは、行動データの分析にとどまらず、さまざまな可能性を秘めています。多種多様なプレイヤーと連携することで、さらなる付加価値を生み出すことができるからです。具体的な連携サービスについて整理しました（**表4**）。

　たとえば、防災であれば、防災メーカーが提供する防災システムとIoTセンサーが連携することで、火災状況の把握や逃げ遅れの把握を速やかに行

表4 主要な連携サービスと効果

連携サービス	概要	主な効果
防災	リアルタイムな職員の働いている位置情報を活用することで、安全な防災サービスを提供することができる。	・火災状況の把握 ・逃げ遅れの把握
環境	オフィスの混雑状況を活用することで、空調の制御や照明の制御を自動で行い、省エネを実現できる。	・空き部屋の空調を制御 ・空き部屋の照明を制御
警備	リアルタイムな社員の働いている位置情報を活用することで、最小限の移動で警備の見回りができる。	・施錠箇所の把握 ・最終退室の把握

うことができるようになります。また、オフィスの利用状況に応じた空調や照明の自動制御をすることで、確実に省エネを実現できます。また、離れた場所の空室状況がわかることで移動時間も削減し、警備にかかるコストを最適化することもできるでしょう。

今後の展望

　これまでの事例では、各社は蓄積されたデータを分析し、オフィスづくりのPDCAサイクルを回すことを始めています。客観的なオフィスの活用データが自動で蓄積されることによって、新しい発見や課題の抽出、各社のKPI設定が行いやすくなり、運用の効率化や迅速な意思決定の支援につながります。これまでとは比較にならないほどオフィス空間の改善は進み、社員にとって居心地の良い空間、働きやすい空間になっていくことが予想されます。

　それらの改善は、まずは自社の範囲内になりますが、効果を実感した企業は、他社の事例からさらに改善できる可能性があるのではと学ぶことでしょう。各企業のオフィス空間のねらいやPDCAの実態をデータで蓄積し、各業界に共有し、振り返ることは、オフィス空間のベストプラクティスをより良質なものにする活動、つまりは、防災面・環境面・安全面でのコストパフォ

ーマンスに優れたオフィス空間づくりに貢献していく活動として確実に広がると考えられます。

　また、今後の職場は、AI や IoT の発展によりロボットの導入も進み、ヒトが働く場所とロボットが働く場所の共存も考えられます。そのときに、ヒトやモノの位置情報や複数メーカーのロボット同士がつながるための手段として、センサーによる位置情報のデータや環境データはさらに重要な役割を果たすようになります。たとえば、社員の居場所をロボットが把握して郵便物を運んだり、食堂が空いている時間帯に清掃ロボットが稼働したり、ヒトが退社した空間から警備ロボットが見回りをしたり、そのようなことが可能になります。

　オフィス空間の状況をリアルタイムにデータ化することは、そこで働く社員のみならず、今後到来するロボットとヒトが共存した職場づくりにおいても、とても重要なファクターであることは間違いないでしょう。

オフィス空間をハックする術

「ハックする」ということばの意味

「ハック」とは、工夫してうまくやることを意味します。コンピュータに侵入する「ハッカー」には負のイメージもありますが、「ライフハック」などポジティブにも使われています。ここでは、与えられたオフィス空間やプロダクトに対して、オフィスワーカーが自身のニーズに合わせて手を加え、調整や改良していくことを指します。

なんの変哲もない標準空間や大量生産の既製品で構成されたオフィス空間ではなく、既製のものをベースに個別ニーズに合わせてカスタマイズしたり、個々の好みに合うオリジナルなモノをつくったり。そんなことができる技術や仕組みが広がりをみせているなら、もっと積極活用していこうというわけで、そんな観点でオフィスを快適にするソリューションを考えてみましょう。もう少し具体的にハック例をいくつかあげてみます。

①個人による調節：一時作業席のカスタマイズ

固定席を持たないモバイルワーカーは、一時利用する席を自分の作業スタイルに合わせてカスタマイズできます。短時間の利用だからと手近な作業テーブルで済まさず、高さ調整可能なデスクを選び、モニターアーム、収納スペースなどを追加すれば、快適で効率的な作業環境をつくりあげることができます。

②グループによる調節：共用スペースの最適化

会議室や休憩室などの共用スペースを使いやすくするためには、家具の配置や照明の明るさを作業や参加人数に合わせて調整します。コミュニケーションを促進するために、ホワイトボードやプロジェクターを持ち込むこともあ

りますが、これらもハックの初歩といえます。

③パーソナライズした道具：ツールと個別設定
　オフィスワーカーは、タスクに合ったツールを選択することができます。それぞれの担当業務やプロジェクトに適したソフトウェアやアプリケーションを選択し、各種のデフォルト設定をカスタマイズすることで作業効率は上がります。

　市場ニーズの観点からみると、人がモノに合わせる時代ではなくなってきていますし、ABWのように共用型の空間運用が増えていることを考えると、個々のニーズに合わせた選択肢や調整機能がますます重要になっています。オフィスワーカーは、自分たちの作業環境を最適化するため、積極的にハック術を活用することが大切です。

オフィス空間づくりの技術の変化

　オフィスでの働き方と空間デザインの両面において、これまでに大きな変化がありました。以前は、オフィスワーカーはあらかじめ用意されたオフィス空間やプロダクトに合わせて自身の働き方を調整することを余儀なくされていました。たとえば、オフィスプランといえば、与えられた面積のスペースに対して従業員のデスクを効率的に収めることが主流でした。働き手も「そういうものだから仕方ない」と特に疑うこともなく、デスクとチェアを1セットずつ与えられ、その汎用的な機能の範囲内で調整しながら、過ごしやすさを求めていました。

　しかし、現代では空間づくりとモノづくりの両面で個別最適化が進んでいます。スペース効率よりも働き方の提案をベースとした作業効率の向上、レイアウトの工夫で空間を広く見せたり、エリアごとに内部景観にコントラストをつけたりして、各社各様の多様性をつくりだしています。

　オフィス家具もモジュール化が進み、パーツを付け替えたり追加したりすることで、一定範囲まではマスカスタマイズが可能になりました。職種や働

き方に合わせて豊富なサイズバリエーションやオプションパーツから選択できるようになり、標準レベルのモノを選択しても快適性は向上しています。

　一方で、選択肢が増えたことによる弊害が生じることもあります。仕様を選択する際にさまざまな組み合わせが可能になったため、個々のパーツから選択していかなければなりません。ある程度セット化されたものが使える場合はいいですが、それ以外の組み合わせを希望する場合には、本当に使いたい仕様を特定して最適解にたどり着くことが少々難しくなります。

　提供側が仕様を網羅しようとすればするほど、選択側にとっては厄介に感じることがあるわけです。今後の課題としては、こうした選択肢を最適化していくとともに、設計や選択のプロセスの効率化も求められるでしょう。

　設計プロセスにおいては、実際の空間イメージをわかりやすくするためにCGを活用するなど、オフィスワーカー自身が働き方や空間を視覚的に理解できるような提案方法が広がっています。また、レイアウト検証の際にも、これまでの2D図面から3Dイメージを立ち上げるような手順に代わって、BIMを用いて多様な属性情報を含む3Dデータをもとに設計や積算が行われ始めています。以前の2Dではあいまいで見えなかったものが見えるようになり、設計段階からさまざまな検証作業ができることで、より現実味のあるプレゼンテーションが顧客に提供できるようになるのです。

標準化とカスタムメイド

　わかりやすく標準化されているものの例として、オフィスデスクをみてみましょう。デスクはその機能と意匠において、働く環境を形づくる重要な要素の1つです。一般的な平机（天板下に袖引出しのない机）は、シンプルな構造でありながら、多様な作業スタイルに対応するための基盤があります。標準化されたデスクは一般的に幅が1000〜1600ミリメートル、奥行きは600〜700ミリメートル、高さは700〜720ミリメートルというサイズ感で設計されています。これにより、ほとんどのオフィス空間に適応しやすい形状となっています。天板下には、A4サイズのファイルや文房具を収納できる1〜2杯の浅い引出しトレイが付属しており、日常的なオフィスワークに必要なものを手

元に置いておくことができます。

　しかし、単なる標準化されたデスクでは、多様化するオフィスワーカーのニーズに応えるには限界があります。そこで、オプションが重要な役割を果たします。たとえば、追加の引出しワゴンを設置することで、より多くのスペースを確保することができたり、袖机（机の片側、両側に並べて設置する補助的な机）を取り付けることで、書類や資料を整理しやすくなったりします。さらにデスクトップ照明やモニターアームを取り付けることで、作業環境の快適性を向上させることもできます。これらのオプション品を追加することで、デスクはオフィスワーカーの作業スタイルに合わせて拡張し、より機能的でパーソナライズされた作業空間を実現します。また、平机を向かい合わせにレイアウトする場合は、プライバシーを保護し、集中力を高めるためにデスクトップパネルが必要になることもあります（**図1**）。

　ここであげた例は、オフィスワーカーが直面するさまざまな課題に対する解決策の一例にすぎません。オプション設定以上のニーズが存在する場合、オフィスワーカーは自分の思いを実現するために、市販されている道具を探したり、自分で何かを製作したりすることになるでしょう。しかし、これにはデザインや品質の一貫性を保つという課題がともないます。そのため、それらにかかる手間を省き、専門的な知識と技術を活かすためには、メーカーによるカスタムメイドの対応が有効な選択肢となります。メーカーにカスタムメイド品を依頼することで、オフィスワーカーの個々の欲求に応じた、機能性とデザイン性を兼ね備えたオフィス家具を実現することができるのです。

　このように、標準化されたデスクとカスタムメイドのオプションを組み合わせることで、オフィスワーカーの多様な作業スタ

図1 デスクをパーソナライズするためのオプション

イルをサポートする、より快適で生産的なオフィス環境を創出することができます。そしてそれは、単に作業スペースを提供するだけでなく、オフィスワーカーの創造性と効率性を高めるための投資となるのです。

デジタルファブリケーションの活用

　DIY（Do It Yourself）は初心者にとって、材料や工具の選定から始まる一連のプロセスが大きな挑戦になることがあります。特に、これまでにDIY経験がない人にとっては、ホームセンターでの最初の買い出しは、何をどう選んだらいいのかわからないため、非常に困難な作業になります。自分のアイデアを図面やスケッチに落とし込み、どのような材料をどの工具で加工するかを計画することは、DIYが好きな人にとっては楽しいと感じられる工程ですが、そうでない人にとっては、この最初のステップが非常に高いハードルに感じられるかもしれません。

　しかし、3Dプリンティングをはじめとするデジタルファブリケーション技術の進化により、DIYのアプローチに革命が起きています。2010年代初めには、3Dプリンタは高価なわりに精度が低く、個人が所有しても十分に活用することは難しいと感じられていました。しかし、2010年代後半には3Dプリンタを取り巻く産業の発展にともない、3Dプリンタの精度やスピードの向上と価格の安定は進んでおり、趣味レベルであれば数万円で十分な出力が可能なプリンタが手に入る時代が到来しています。

　また、3DプリンタやCNC（コンピュータ数値制御）工作機を備えたカフェのような施設も認知され始め、そこでは出力サービスやアドバイス、レクチャーを受けられます。現在では、3Dモデリングデータとデジタルファブリケーション技術があれば、誰でも簡単にアイテムを出力できるようになっています。直感的に操作できるモデリングソフトも登場し、モデリングデータの作成が苦手な人でも、代行サービスを利用することで敷居が低くなってきています。このような技術を活用して、快適で機能的なワークデスクを製作する事例がSNSなどでみられるようになりました。電動昇降式のデスクをベースに、必要に応じてさまざまなオプションを追加していくシステムデスクが、

3D プリンタで出力したパーツの組み合わせで実現しています（**図2**）。デジタルファブリケーションの活用で、オフィスワーカーが自ら理想の作業環境をつくりだせるということです。

これからのオフィスづくりの可能性

　DIY とデジタルファブリケーションの組み合わせによって、個人のニーズに合わせたカスタマイズが可能になり、創造性を発揮する新たな道が開かれています。個々の作業スタイルや健康に配慮したデスクが設計可能になれば、オフィスワーカーの生産性と満足度を高めることができるでしょう。デジタルファブリケーションの進歩は、DIY の世界へのアクセスを容易にし、個人が自分自身のために、また他者のために、ユニークで機能的なアイテムをつくりだすことを可能にしています。これは個人の想像力を最大限に活用し、オフィス環境を自分たちの手で作ることを可能にする、革新的な時代の到来を示しています。

　これからのオフィスづくりでは、フリーアドレスや ABW のように、オフィスワーカー自身が行為に応じて場所を選び移動するような共有型の空間づくりが主流の 1 つになるでしょう。そうなれば、不特定多数の人々がさまざまな種類のプロダクトや空間を、働き方を考慮して選択する機会が増えていくでしょう。

　オフィスワーカーに求められることは、このような働き方や過ごし方を実現したいという欲求です。この欲求をデザイナーに伝えながらともにオフィスを構築していくだけでなく、身近になった新しいデジタル技術を活用して自らつくったり組み合わせたりすることで、より理想的なオフィス空間を手に入れることができるようになるでしょう。

図2 3D プリンタによるシステムデスクのオプション例

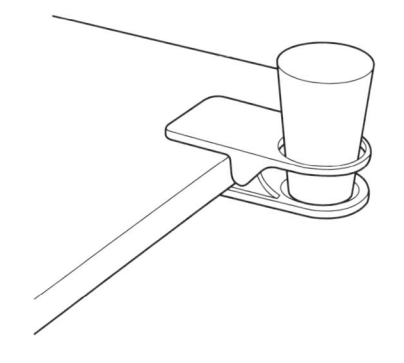

色彩の効能

はじめに

　真っ赤な嘘、黄色い声援、ブルーマンデー、ブラックフライデー……

　日本語にも英語にも色名を用いた慣用表現があります。大きな嘘というよりも真っ赤な嘘と言ったほうがよりインパクトを強く感じませんか。このように色には、感情や感覚との結びつきが強くあり、鮮明な印象を与えるチカラがあります。

　最近のオフィスでは、「リラックス」や「居心地の良さ」といった感覚が求められるようになってきています。写真だけ見たら、どこのカフェ？　もしかしてどこかのホテル？　と思うようなインテリアのオフィスがたくさん見られるようになりました。

　これまで、「オフィスは効率良く仕事ができることが第一！」と考えられてきましたが、いまや、オフィスは、効率良く業務を行うだけの場所ではなくなり、「仲間と活発に意見を交わす」「リラックスしながら作業をする」「篭って集中し資料を作成する」など、その内容は多種多様になってきています。オフィスでのそれぞれの行動にも、そっと後押ししてくれる「色」の存在があるはずです。

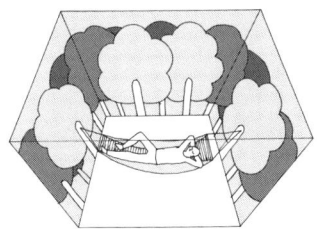

研究の目的

この研究では、実際のオフィスにおいて、「色」がどのように使われているのか、またオフィスワーカーが「色」に何を期待しているのかを明らかにするために、2つの調査を行っています。

1つは、オフィスインテリアの実態調査です。コーポレートカラーとオフィスインテリアで使われている「色」との関係について調べることで、企業の個性を表現するオフィスインテリアのヒントを得ることを目的としています。

もう1つは、オフィスワーカーの意識調査です。オフィスインテリアの「色」に対して、ワーカーが現状どのように感じているのかを調べることで、今後のオフィスインテリアにおいてどのように「色」を活用していくと良いか、方向性を導き出すことを目的としています。

研究の方法

1つ目の実態調査は、2009年にオフィスの納入事例写真を対象に行っています。調査対象の事例は、2007年4月から2008年3月までに竣工した物件の中から任意で135物件を選択しました。

実態調査では、パソコン画面に事例写真を表示させ、空間のどこで「色」が使われているか、その「色」は何色かを、無彩色3色、有彩色5色、木目、その他の10種類に分類しました。そして、オフィスインテリアの中でコーポレートカラーを使用しているか、使用している場合には、オフィスのどの場所で使われているか、についても調べました。各企業のコーポレートカラーは、各社ホームページやメール問い合わせによって確認を行っています。

2つ目の意識調査では、1986年、2010年、2020年の3回アンケート調査を行っています。アンケートの対象者数はそのときどきで異なりますが、設問はほぼ同じ内容で調査しています。1986年から2020年の44年間で、ワーカーの色に対する意識がどのように移り変わったかを調べています。

オフィスインテリアへの色彩の取り入れについて

　2007年当時のオフィスインテリアでは無彩色や木目が多く使われていました。有彩色は、オフィスワーカーが毎日使用する執務室やコミュニケーション空間ほど多く使われている傾向があり、特にコミュニケーション空間においてその傾向は強く見られました。

　一方、コーポレートカラーをオフィスインテリアに取り入れている企業は、あまり多くありませんでした。エントランスや執務空間にコーポレートカラーを取り入れている企業は、コーポレートカラーを設定している企業の3分の1程度。コミュニケーション空間では、コーポレートカラーはほとんど使われ

図1 画像分析調査の結果

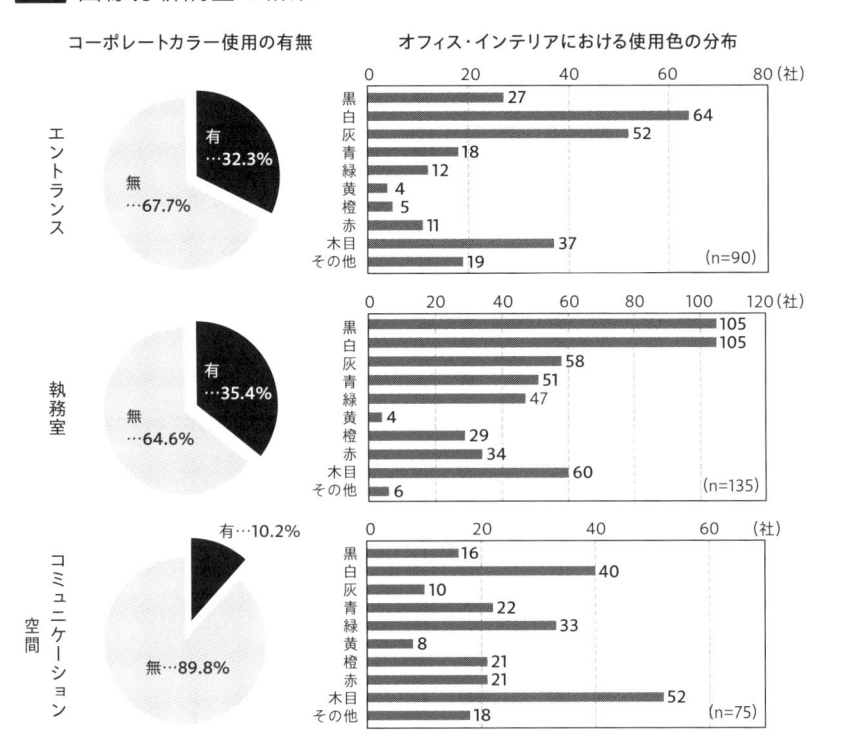

ていませんでした。

ワーカーの色彩意識①
企業イメージを取り入れたオフィス

　オフィスワーカーが、企業イメージを取り入れたオフィスについてどう感じているのかを調べるため、「企業イメージ（企業の特徴を表現する）を取り入れたオフィスについてどう思いますか?」とアンケートで訊いてみました。

　その結果、企業イメージをオフィスに取り入れたいと考える人は、1986年と2010年の結果を比較すると1.3倍に増えていました。2020年にも選択肢の内容を少し変えて同様のアンケートをとっていますが、79%が企業イメージをオフィスに取り入れたいと回答しており、さらにその割合は増えています（**図2**）。

　また2020年には「オフィスに企業イメージを取り入れたい」と回答した人に対し、その理由を訊いてみました。すると、6割以上の人が「従業員の一体感を高めるため」「従業員のモチベーションを高めるため」と回答し、企業のブランド価値を高めることよりも、オフィスワーカーへの好影響を期待していることがわかりました（**図3**）。

図2 企業イメージを取り入れたオフィス空間について

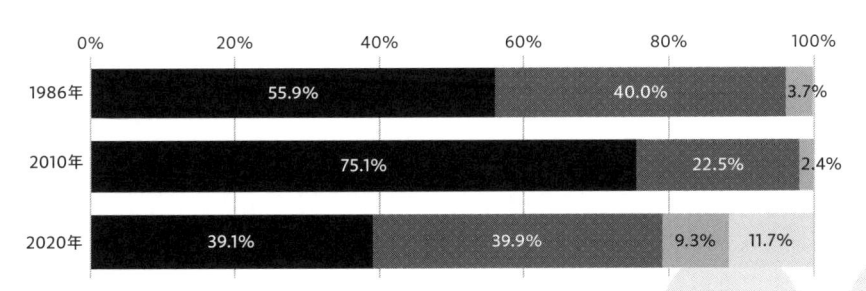

■積極的に取り入れたほうが良い　■部分的に取り入れたほうが良い
■オフィスには必要ない　■関心がない・わからない

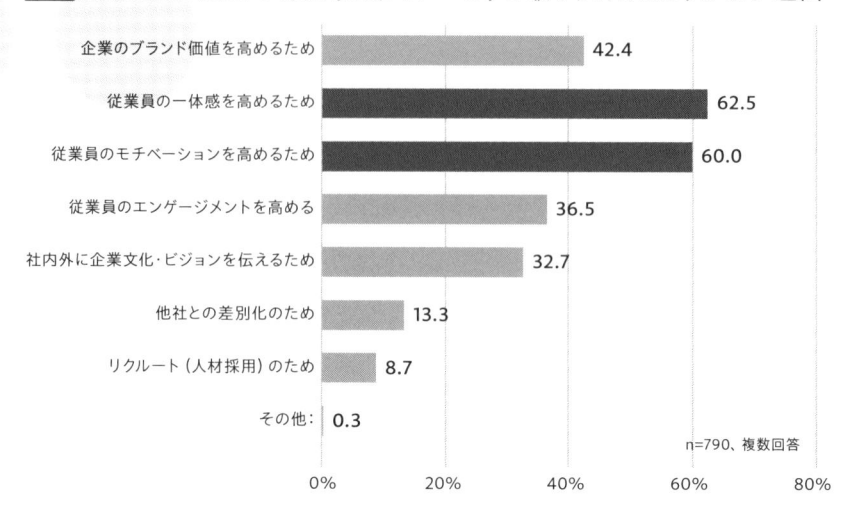

図3 オフィスに企業の特長（企業イメージ）を取り入れたほうがよい理由

項目	数値
企業のブランド価値を高めるため	42.4
従業員の一体感を高めるため	62.5
従業員のモチベーションを高めるため	60.0
従業員のエンゲージメントを高める	36.5
社内外に企業文化・ビジョンを伝えるため	32.7
他社との差別化のため	13.3
リクルート（人材採用）のため	8.7
その他：	0.3

n=790、複数回答

ワーカーの色彩意識②
オフィスインテリアへの色彩の取り入れ

　オフィスワーカーがオフィスの色彩についてどのように感じているのかを調べるため、「オフィスに色彩を取り入れることについてどう思いますか?」「オフィスに色彩を取り入れたほうがよいと思う理由は何ですか? （2020年のみ）」「オフィスのどこに色彩を取り入れたいですか?」という3つの設問を訊いてみました。

　その結果、8割以上の人がオフィスインテリアに何らかの色彩を取り入れたほうがいい、と考えていることがわかりました。オフィスに色彩を取り入れたほうがよいと思う理由としては、色彩によって「リラックス」や「気分転換」が促されるという回答が多くみられました。

　また、色彩を取り入れる場所については、「受付・ロビー」のような社外の人の目に触れる場のほか、ワーカー自らが働く場所、特に「リフレッシュスペース」や「ミーティングスペース」へ色彩を取り入れたいと感じていることがわかりました。

図4 オフィスインテリアへの色彩の取り入れについて

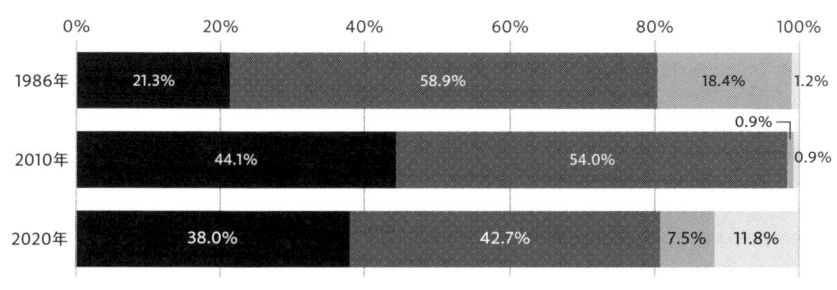

■ 積極的にオフィスに取り入れたほうがよい　■ 部分的にオフィスに取り入れたほうがよい
■ オフィスに色彩は必要ない　　関心がない・わからない

図5 オフィスに色彩を取り入れたほうがよいと思う理由

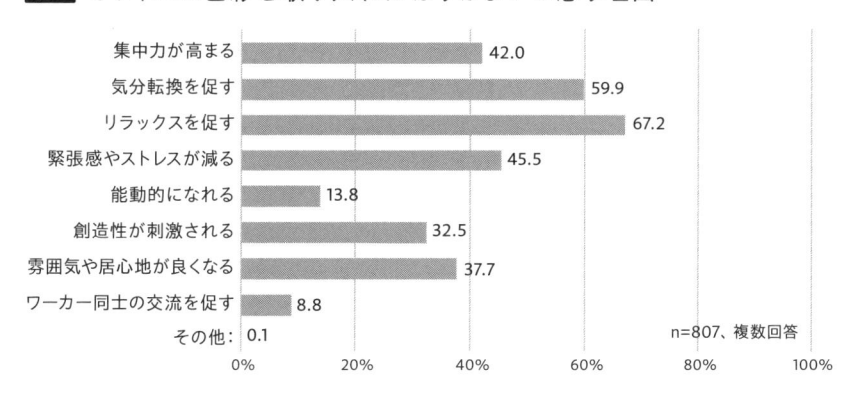

結果と考察

オフィスインテリアの事例調査から
- コーポレートカラーとオフィスインテリアとの関連はあまりないものの、オフィスのコミュニケーション空間における色彩活用事例が増えている

ワーカーへのアンケート調査から
〈オフィスへの企業らしさの取り入れについて〉
- ワーカーの関心は、より高まってきている。
- ワーカーは、モチベーションやエンゲージメントの向上を期待している

〈オフィスへの色彩の取り入れについて〉
- ワーカーの関心は、高い
- ワーカーは、気分転換やリラックス効果を期待している
- 執務スペースよりもコミュニケーションスペースへ色彩を取り入れたい、とワーカーの意識が変化してきている。

　ということが明らかになりました。
　ただし、ハイブリッドワークの普及にともなって、オフィスのあり方や働き方が大きく変化しているため、2020年以降、ワーカーの意識も変わっている可能性があることに留意する必要があります。

おわりに

　ここまで、オフィスへの企業イメージや色彩の取り入れについてみてきました。オフィスでリラックスや気分転換するときに、色の持つチカラを借りたいと思っているワーカーが多いようです。
　オフィスインテリアにおいて、最近「バイオフィリックデザイン」というデザイン手法が注目を集めています。これは、自然や自然を模した要素を室内環境に取り入れることで、幸福感や心身の健康の増進、ストレスの軽減、生産性の向上などの効果を期待するデザイン手法のことです。本物の自然物でなくても、自然界にある色を取り入れるだけでも効果があると言われています。
　働く場の選択肢が大きく広がり、働き方も多様になってきていますが、ワーカー一人ひとりが、心も身体も健康に働けることは何よりも大切なことです。色のチカラを上手く取り入れ、ワーカーがスムーズに気持ちを切り替えて働くことができるオフィスをデザインできるといいですね。

出典：「オフィス空間における色彩活用に関する研究」中西真己、日本オフィス学会誌 Vol.4 No.1、
　　　2012年3月

―――――― 論文紹介 2 ――――――

アイデア出しは暖かい光の下で音楽を流して

はじめに

　近ごろ、働き方が大きく変わり、仕事に合わせて場所を選ぶABWが注目されています。このアプローチでは、柔軟な働き方が求められ、コミュニケーションのためのオープンな空間が重要視されています。

　しかし、単純に場所をつくっただけで円滑なコミュニケーションが推進されるのでしょうか。ディスカッションをもっと盛り上げる工夫はないのでしょうか。私たちは、日ごろ周りの環境に左右されながら生きています。厳かな雰囲気、にぎやかな場、緊迫した状況、穏やかな空気など、さまざまな環境の中で、その状況に応じて行動を変えて過ごしているのです。置かれた状況に合わない行動は控えないといけない場合があるでしょうし、やりづらいことだってある。逆に、その場の雰囲気に行動を後押しされることもあります。

　ここでは、グループワークのディスカッションを促進する照明環境と音環境について考えてみることにします。

実験方法と分析方法

　照明環境や音環境の異なる環境で、グループワークを行ってもらい、それぞれの環境でコミュニケーションがどのように変わるのかを実験してみました。

　3人1組の8チームが20分間ディスカッションし、その後15分間意見の取りまとめをします。これを4つの環境下、A：昼白色高照度照明＋音無、B：昼白色高照度照明＋ジャズサウンド、C：温白色低照度照明＋音無、D：温白色低照度照明＋ジャズサウンドで行います。

　昼白色高照度照明とは一般的なオフィスの照明環境を想定したもので、温白色低照度照明は温かみのある電球色で一般的なコミュニケーションエリアに推奨される照度基準を下回らない明るさにしています。

　音環境は、BGMとしてジャズサウンドを流す「音有」とBGMなしの「音無」の2つの環境を用意しましたが、どちらの場合にも、オフィス環境を模した環境サウンド（会話音を主とする有意騒音）を流し、BGMと合わせた音量が一般オフィスの騒音レベルである50dBとなるように調整しています。

図1 実験レイアウト

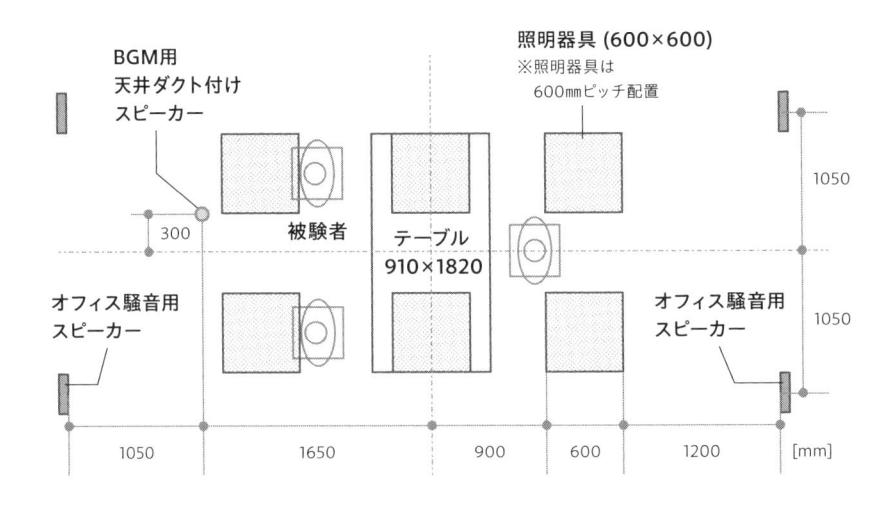

調査方法と分析方法

　調査・分析はアンケートによる主観評価と音声データ分析の2つからなります。

1. アンケート調査

　異なる環境下におけるコミュニケーションの特徴を明らかにするため、それぞれのグループワーク終了後、アンケート調査を行いました。アンケートで訊いたのは **表1** にあるような実験環境の印象評価です。

2. 音声データ分析

　グループワーク中の会話を録音し、テキストマイニングの手法を使ってコミュニケーションの客観評価を行います。具体的には、音声データから名詞のみを抽出して、それを対応分析[*1]と共起ネットワーク分析[*2]をすることで、4つの環境条件それぞれの結果を比較していきます。

*1　対応分析：データの特徴を図示し、項目間の関係を視覚的に把握する分析方法
*2　共起ネットワーク分析：関連する単語同士を抽出し、そのつながりをみる分析手法

表1　アンケート調査評価項目

実験環境の印象評価項目 (* は逆転項目)	
1	空間全体に環境が調和している　—　調和していない
2	居心地が良い　—　居心地が悪い
3	(*)周りの物音が気になる　—　気にならない
4	集中しやすい　—　集中しにくい
5	温かみを感じる　—　寒々しさを感じる
6	(*)緊張する　—　くつろいだ
7	チームメンバーの顔色が好ましく見える　—　好ましく見えない
8	チームメンバーとの一体感が感じられる　—　感じられない
9	(*)アウェイな感じがする　—　ホームな感じがする
10	快適な　—　不快な
11	好きな　—　嫌いな
12	次もこの環境でやりたい　—　やりたくない
7段階評価（＋3：左の項目に対して非常にそう思う—　＋2：そう思う　＋1：ややそう思う　—　0：どちらともいえない—－1：右の項目に対してやや思う—－2：そう思う—－3：非常にそう思う）	

実験結果① アンケート調査結果

環境条件を因子とした多重比較法で平均値の比較を行った結果、環境やそこで行われているコミュニケーションに対して「調和している」「温かみを感じる」「ホームな感じがする」といった印象を与えるのは、温白色低照度照明＋音有環境であり、「くつろいだ」「快適な」「好きな」といった好意的な印象を与えるためには音有環境が有効である可能性が示されました（**図2**）。

照明環境と音環境を変えることによってコミュニケーションそのものに対する印象に前向きな効果をもたらすほどの影響は認められなかったものの、複数人で場を囲んだ際、「場が和む雰囲気の印象」を与える可能性はあり、設備の制御を効果的に行うことでワーカーに良い印象を与えることができるのかもしれません。

図2 実験環境の印象評価 条件別平均

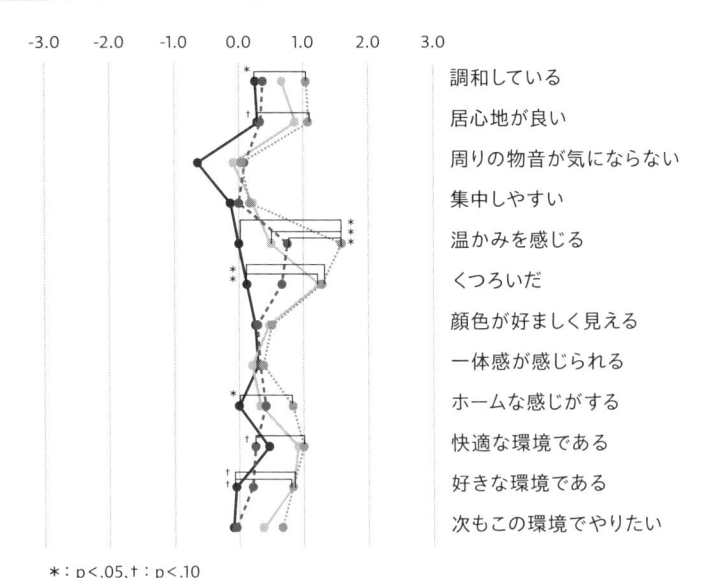

＊：p<.05, †：p<.10

━●━ A：昼白色高照度音無　　　━●━ B：昼白色高照度音有
--●-- C：温白色低照度音無　　　⋯●⋯ D：温白色低照度音有

実験結果②　対応分析による結果

　対応分析では、A～D条件の抽出語を含む被験者24名の結果をクロス集計し、実験で20回以上出現した174語を使用して発話傾向を散布図に表しました。この図は原点から離れているほど特徴的な語になっていることを示し、お互いの関連が強い語ほど原点から同一方向に示されています。

　図3では●○▲△（4つの環境条件A：●、B：○、C：▲、D：△）で示された被験者をプロットした点の発話傾向が4つの方向に示され、グループワークしてもらった4つのテーマが固まって配置されていることがわかります。

　さらに、●○▲△の点を結んだときに線で囲まれる面積を算出してみたところ、A＜B＜C＜Dとなっていることがわかりました。面積が小さいほど原点の近くに点がプロットされているため、特徴的な発話が少なく収束的なやり取りがされており、逆に面積が大きいほど多角的な話題が多かったことになります。このことから、昼白色高照度は収束的な話題傾向であり、温白色低照度では多角的な話題傾向であることが読み取れます。特にD（温白色低照度＋音有環境）が最も面積が大きく、その傾向が顕著に表れていました。

図3 全条件対応分析散布図と4テーマ

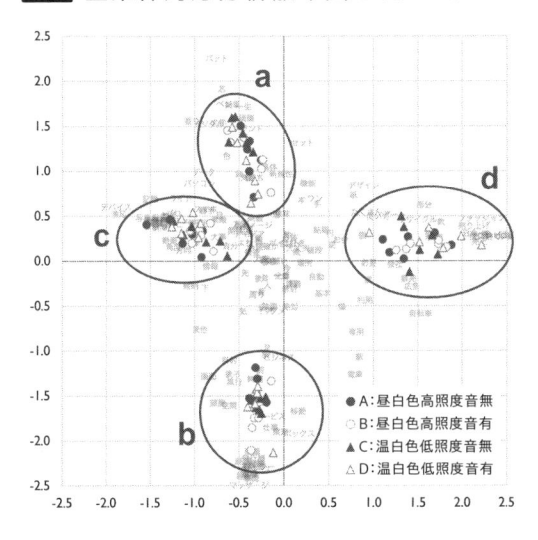

分析方法③　共起ネットワーク分析による結果

　共起ネットワークとは、出現する語と語の関連性の強さを表す距離が近い
か遠いかを計算し、語同士を結ぶ線で図示するもので、1つひとつのバブル
の大きさはその語の出現頻度を示しています（**図4**）。

図4 共起ネットワーク図

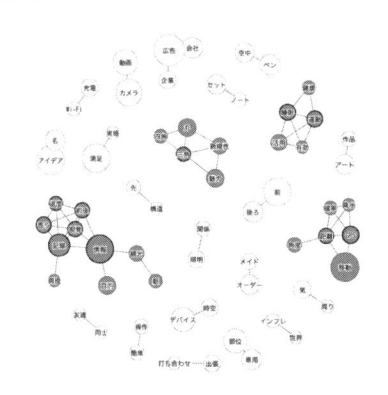

A：昼白色高照度＋音無

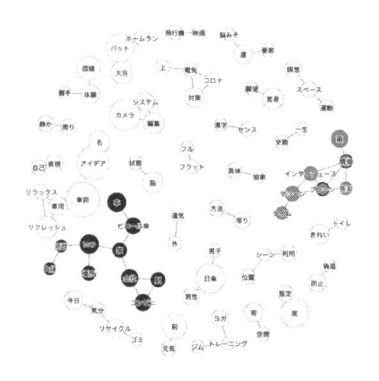

C：温白色低照度＋音無

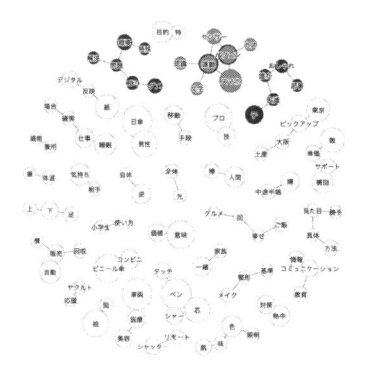

B：昼白色高照度＋音有

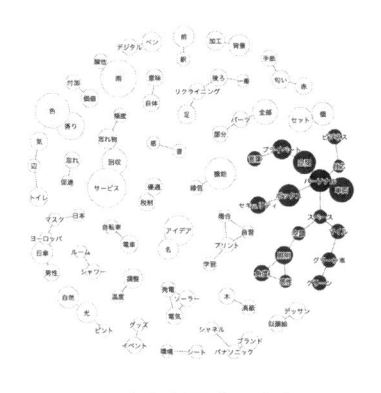

D：温白色低照度＋音有

⬤ ダイヤモンド型　● タコ足型（直線型を含む）　◯ 4以上の語と共起する語

Frequency： ◯ 10　◯ 20　◯ 30

　A：昼白色高照度＋音無では、４つ以上の語につながっている語があり、その語の周りで複数の語が共起されたダイヤモンド型のネットワークが形成されています。限られた語が互いに密なつながりを持ち、話題が深掘りされる傾向が見て取れます。

　D：温白色低照度＋音有では、１つの語からほかの語へつながりが広がってタコ足型のネットワークが形成されています。話題が発散的に展開していくことが示されています。

　B：昼白色高照度＋音有とC：温白色低照度＋音無では、ダイヤモンド型とタコ足型の双方が含まれる結果でしたが、B条件は話題が深掘りされる傾向が強く、C条件は発散的な傾向がやや強い結果になっています。

　これらの結果から、一般的なオフィス環境であるA条件よりも、温白色低照度は発散的な話題傾向、さらに音有だとその傾向が強まる可能性が示されました。

結論と考察

　アンケートによる主観評価では、一般オフィス環境である昼白色高照度＋音無環境に比べて、温白色低照度かつジャズサウンドを用いた音有の環境にすることによって、「調和している」「温かみを感じる」「ホームな感じがする」など、「場が和む雰囲気の印象」を与えられる可能性があることがわかりました。

　テキストマイニングによる評価では、昼白色高照度の条件は、特徴的な語が少なく、収束的な議論がなされる傾向や話題が深掘りされる傾向がありそうです。一方で温白色低照度の条件においては、特徴的な語が多く、多角的な話題になる傾向や発散的な議論がなされる傾向があることがわかりました。そして、音環境が有音であるとその傾向はさらに強くなる可能性がありそうです。

　温白色低照度かつジャズサウンドを用いた音有の環境は、初対面でのアイスブレイクやアイデア出しなど、場を和ませて会話や意見が弾むようなコミュニケーションに適しており、一方で昼白色高照度の環境は、ある話題に対し

て真剣な議論を行う場合やアイデアを収束させるようなコミュニケーション
に適している可能性があると言えそうです。

おわりに

　議論を深掘りしたいときは白くて明るい蛍光灯の下で、ブレストでアイデア
を発散させたいときは暖かい電球色の下でBGMを流して。これがこの研究
での結論です。オフィスの環境の違いによって、それに向いている活動があ
り、逆に向いていない活動もあることがわかったからには、私たちはもっと
オフィスの環境に気を配り、そこで行う作業や行為に環境がマッチしている
のかを考えなければなりません。オフィス中どこも同じ照明環境、同じ音環
境では、ワーカーはパフォーマンスを十分に発揮しきれない可能性があるの
です。

　ここでは、照明と音に着目して実験を行いましたが、環境や雰囲気を変え
る要素はそれだけではありません。家具や内装の色やグレードにも私たちは
影響を受けますし、香りを流すことも作業効率を変えることでしょう。植栽
の配置には疲労の軽減やリラックス効果が期待されます。働く環境を整える
ことで、そこで働く人のモチベーションやクリエイティブな活動が促進される
可能性が大いにあります。そこで行われる活動にふさわしい環境をデザイン
することはとても大事なことだと言えるでしょう。

出典:「ワークプレイスの照明環境・音環境がコミュニケーションに与える影響」
　　　石山希他、日本オフィス学会誌 Vol.14 No.2、2022年10月

オフィスに "遊び心"のある空間!?

はじめに

　今、多くの企業ではイノベーションやクリエイティビティの最大発揮を求めています。それを実現する「場」の代表は何と言ってもオフィスでしょう。かつて（半世紀ほど前）のオフィスといえば、グレーのデスクと椅子がずらりと並ぶ堅苦しくて面白みのない場所で、現在の感覚からすれば、そんなところでは新しい気づきなぞ生み出せないと思わせるようなオフィスでした。近年では、ずいぶんとカラフルで洒落たオフィスが次々と生まれていますし、自由でゆとりのある雰囲気のする空間を取り入れるオフィスが増えてきています。そんな空間をここでは「遊び心」のある空間と呼ぶことにします。それは具体的にどのようなものなのでしょう。研究された結果をみていきたいと思います。

研究の目的

　企業によって「遊び心」のある空間の捉え方は定まっておらず、「遊び心」のある空間による効果も明らかになっていません。そこで「遊び心」を仕事から遊離したゆとりであると捉え、それを感じさせるオフィス空間を「遊び心」のある空間と定義。「遊び心」のある空間の捉え方に焦点を当て、次の2点を研究目的としています。

①「遊び心」があると感じるオフィスの環境要因を明らかにし、その要因要素の関係性を構造化する。

②オフィスワーカーの属性による「遊び心」の捉え方を比較し、「遊び心」の捉え方の傾向を探る。

研究の方法

　この研究は大きく次の段階を踏んで進めました。

1．評価グリッド法[*1]により要因を抽出し、関係性を構造化する。

2．共起ネットワーク分析[*2]で共起の度合いから「遊び心」のある空間と関連の強い要素を抽出する。

3．学生を対象に「遊び心」に関する印象評価の基礎的アンケート調査を行い、（4）で行うアンケートの写真、形容詞対を選出する。

4．さまざまな属性のワーカーを対象にアンケート調査を行い、属性による傾向を把握するとともに、重回帰分析を用いて遊び心を他の言葉で説明する。

*1　評価グリッド法：知覚した結果からどのような評価につながったのかを明らかにする分析手法
*2　共起ネットワーク分析：関連する単語同士を抽出し、そのつながりをみる分析手法

「遊び心」の効果
〈評価グリッド法による評価構造分析〉

オフィスで働くワーカー16名を対象にインタビューを行い（**図1**）、評価グリッド法による分析をした結果、次のような結論が得られました。

図1 インタビューの手順

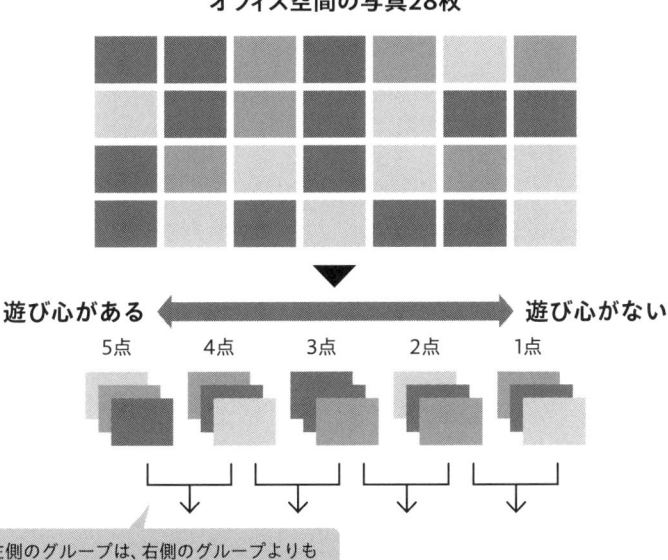

オフィス空間の写真28枚

遊び心がある ⟷ 遊び心がない

5点　　4点　　3点　　2点　　1点

なぜ左側のグループは、右側のグループよりも遊び心があると思ったのですか？

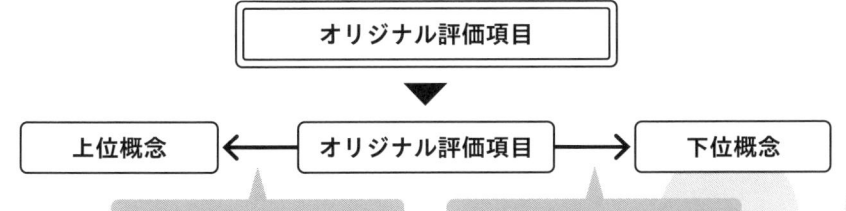

オリジナル評価項目

上位概念 ← オリジナル評価項目 → 下位概念

○○である(オリジナル評価項目)ことがあなたにとってどんな良い点があると思いますか？

○○である(オリジナル評価項目)ためには具体的に何がどのようになっていることが必要であると思いますか？

141

「遊び心」の効果としては「リラックスできる」「リフレッシュしやすい」など心身ともに安らぐことができる効果を感じているワーカーが多いことがわかりました。

そして、「遊び心」のある空間には次の4つの効果があることが明らかになり、これらの効果を生む要因として「執務室とは異なる雰囲気」があることが明らかになりました（**図2**）。

1．周辺状況の把握能力につながる
2．仕事の成果や会社の将来性につながる
3．遊びが生まれる
4．企業らしさを反映する

図2 執務室とは異なる雰囲気の関係性

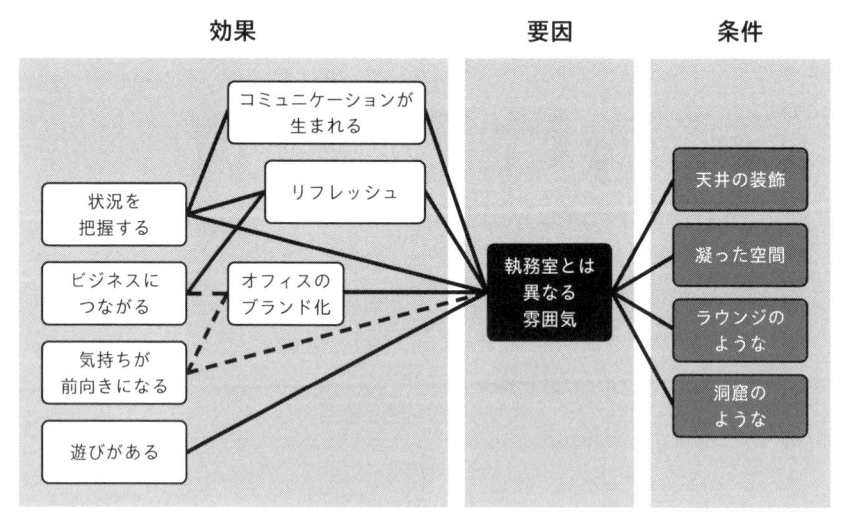

「遊び心」の構造〈共起ネットワーク分析〉

「遊び心」によって私たちの心情や行動がどのように変わるのか、その仕組みを明らかにするため、インタビューで語られた言葉のつながりを共起ネットワーク分析してみました（**図3**）。

　その結果、「遊び心」を中心に広がるクラスター①は「遊び心」そのものを基点に「家具」クラスター②、「広い」クラスター③、「机」クラスター④と直接つながっていることがわかりました。また、「遊び心」クラスター①に含まれる「空間」は「余裕」クラスター⑥や「コミュニケーション」クラスター⑦と関係していることもみてとれます。

「遊び心」のある空間は、身近にある家具のありようと密接に関係し、そうした空間が気持ちにゆとりを生み出したり、コミュニケーションを促進することが示唆されました。

図3 共起ネットワークによる「遊び心」のある空間の関係性

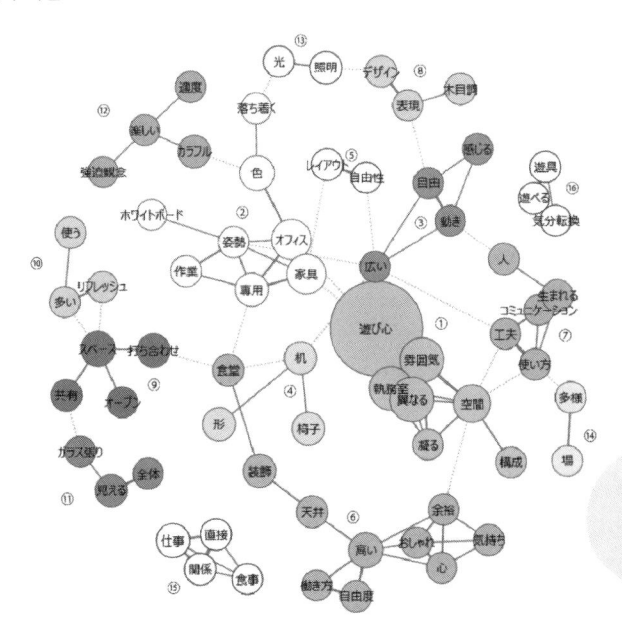

「遊び心」のある空間の必要性 〈ワーカーの主観評価〉

　267名のオフィスワーカーを対象に「遊び心」のある空間に対する考え方を訊いてみました。

　「遊び心」のある空間の必要性を感じている人は65%を超え、半数がオフィス環境に必要であると回答していました。

　また、結果を属性別にみたところ、「遊び心」のある空間の必要性を最も高く感じているのは「商品企画・開発」関係の人たちで約90%に達していました。さらに、「今働いているオフィスに遊び心がある」人たちの85%が「遊び心のある空間」を求めていることがわかりました。そのような空間を一度経験することで、その良さや効果を実感できたからの回答だったと考えられます（**図4**）。

　作り手と使い手の違いに着目すると、「オフィスづくりの経験がない」と回答した人の約60%が「遊び心」のある空間の必要性を感じている一方で、「経験がある」と回答した人では約80%が必要性を感じているという結果が得られ、作り手のほうが「遊び心」のある空間を重視していることが明らかになりました（**図5**）。

図4 働くオフィスの「遊び心」の有無にみた「遊び心」のある空間の必要性

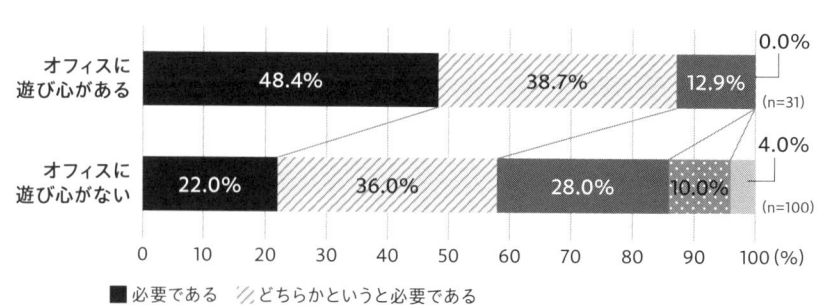

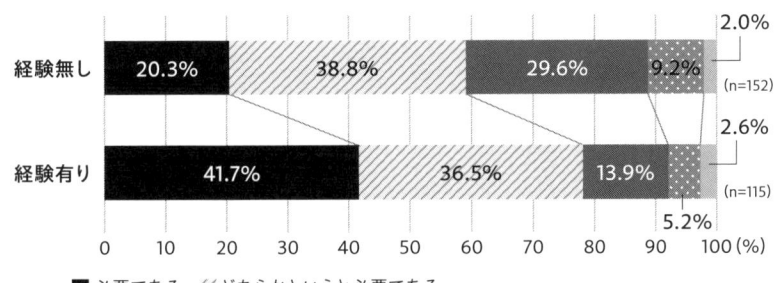

図5 オフィスづくりの経験の有無別による「遊び心」のある空間の必要性

凡例：■ 必要である　⫽ どちらかというと必要である　■ どちらともいえない／わからない　▨ どちらかというと必要でない　■ 無回答

「遊び心」のある空間とは〈構成要素の重回帰分析〉

「遊び心」のある空間に関してアンケート調査を行い（回答者は前ページと同じオフィスワーカー267名）、「遊び心」のある空間に関する形容詞対ごとの評定値をデータ化し、因子分析[*3]を行いました。その結果、「遊び心」のある空間を決定づける要素は次の3つであることがわかりました。

- 第1因子「ユニーク因子」

  「遊び心」のある空間は非日常的で個性があふれている。
- 第2因子「ワークポジティブ因子」

  「遊び心」のある空間はやる気をあげ、快適に過ごせる。
- 第3因子「リフレッシュ因子」

  「遊び心」のある空間はリフレッシュと交流を促進する。

　この3つの因子から10の形容詞対（**表1**）を選出して、ワーカーに評価してもらった結果を重回帰分析[*4]したところ、「遊び心」のある空間は、「個性がある」を中心とした「オフィスらしくない」「開放的な」「クリエイティブである」「緊張感がない」の5つの要素で説明できることが明らかになりました。

*3　因子分析：人の心理の背後にある隠れた原因を明らかにするための分析方法
*4　重回帰分析：複数の要因それぞれが結果にどのくらい影響を与えているかをみる分析方法

番号	形容詞対
1	閉鎖的な ― 開放的な
2	集中しにくい ― 集中しやすい
3	クリエイティブでない ― クリエイティブである
4	働きたくない ― 働きたい
5	オフィスらしい ― オフィスらしくない
6	行ってみたくない ― 行ってみたい
7	個性がない ― 個性がある
8	緊張感がない ― 緊張感がある
9	やる気がない ― やる気がある
10	遊び心がない ― 遊び心がある

おわりに

　ここでは、オフィスにおける「遊び心」のある空間をどのように捉えればいいのかを考えてきました。個性的で一見オフィスらしくなく、開放的でクリエイティビティを感じさせでリラックスできる空間。これが「遊び心」のある空間です。属性によって差はあるものの、65％もの人に支持されている「遊び心」のある空間は、今後オフィスをデザインする際にその導入を検討するに値する空間だといえるでしょう。

　今後、実際のオフィス空間で、「遊び心」のある空間がどんな効果を発揮するのかを検証する必要はありますが、枠にはまらない、柔軟な発想や新しいアイデアは、安心でリラックスした楽しい雰囲気からしか生まれません。何かを発言するとすぐに反論され否定されるオフィスでは、失敗を避ける風土になり、ストレスが高まります。無駄の排除、効率性を考えるだけでなく、ゆとり、遊びの要素をオフィス空間や運営に取り込んでいきたいものです。

出典：「オフィスにおける"遊び心"のある空間に関する基礎的研究」
　　　米谷紗恵子他、日本オフィス学会誌 Vol.8 No.1、2016年4月

DJブースのあるオフィス：そのねらいと価値

　都内IT企業のG社では、オフィスにDJブースを設置しています。なぜ、オフィスにDJブースを設置したのか、遊び心と音楽を持ち込んだのか、そのねらいについて紹介します。ファシリティマネジメントの分野は、企業のコスト構造の見直しや従業員のエンゲージメント向上、企業のブランディングや採用効果など、さまざまな領域において経営に貢献し、オフィス改善の可能性について探求してきました。

　そのようななかで、DJブースはコロナ後における「コミュニケーションのための重要なツール」となる、という可能性を見いだしたのです。

　一般的に、DJブースが置かれている場所といえば、クラブを連想されるかと思います。今も昔もクラブは交流をする場であることは変わりありませんが、今のクラブは音楽を楽しみながら企業同士の交流、技術や情報の交換、またベンチャーキャピタルにとっては投資先を探す場などとしても使われています。

　多くの人たちにとっては、「クラブでのビジネスマッチング」を想像するのは難しいかもしれません。しかしながら、DJブースは現在、いわゆるクラブだけではなく、さまざまな飲食店やデザイナーズホテル、バックパッカーの集まるホステルにも設置されており、ビジネスマンの交流だけではなく、海外からの渡航者同士の交流のためのツールとしても使われて、「コミュニケーションのための重要なツール」となっています。

さまざまな施設を見学し、感じたことをディスカッション。

　また、G社ではDJブースだけではなく、さまざまなツールやオペレーションの導入を試みています。従来オフィスにあったような音楽や香り、コーヒーなどの飲料の導入といった当たり前のオペレーションだけでは従業員のコミュニケーションは生まれないことに気づき、アートの設置、アルコールの提供、キッチンの設置などのオフィスアメニティを見直し、またオペレーション面ではコミュニティマネジャーやコンシェルジュの導入など、さまざまな工夫をしているのです。

　その甲斐あってか、従業員同士が交流を深め、お互いを知る信頼関係醸成の場としてもオフィスが利用されるようになり、毎日のようにさまざまなイベントも開催されています。

　このように、コミュニケーションを通じて働く人のウェルビーイングを高めるようなさまざまなしかけをオフィスに導入することの大切さをこのDJブースは教えてくれています。

交流イベントは土日も含めて開催。DJブースも活用されている。

第3章

変化する仕事の道具

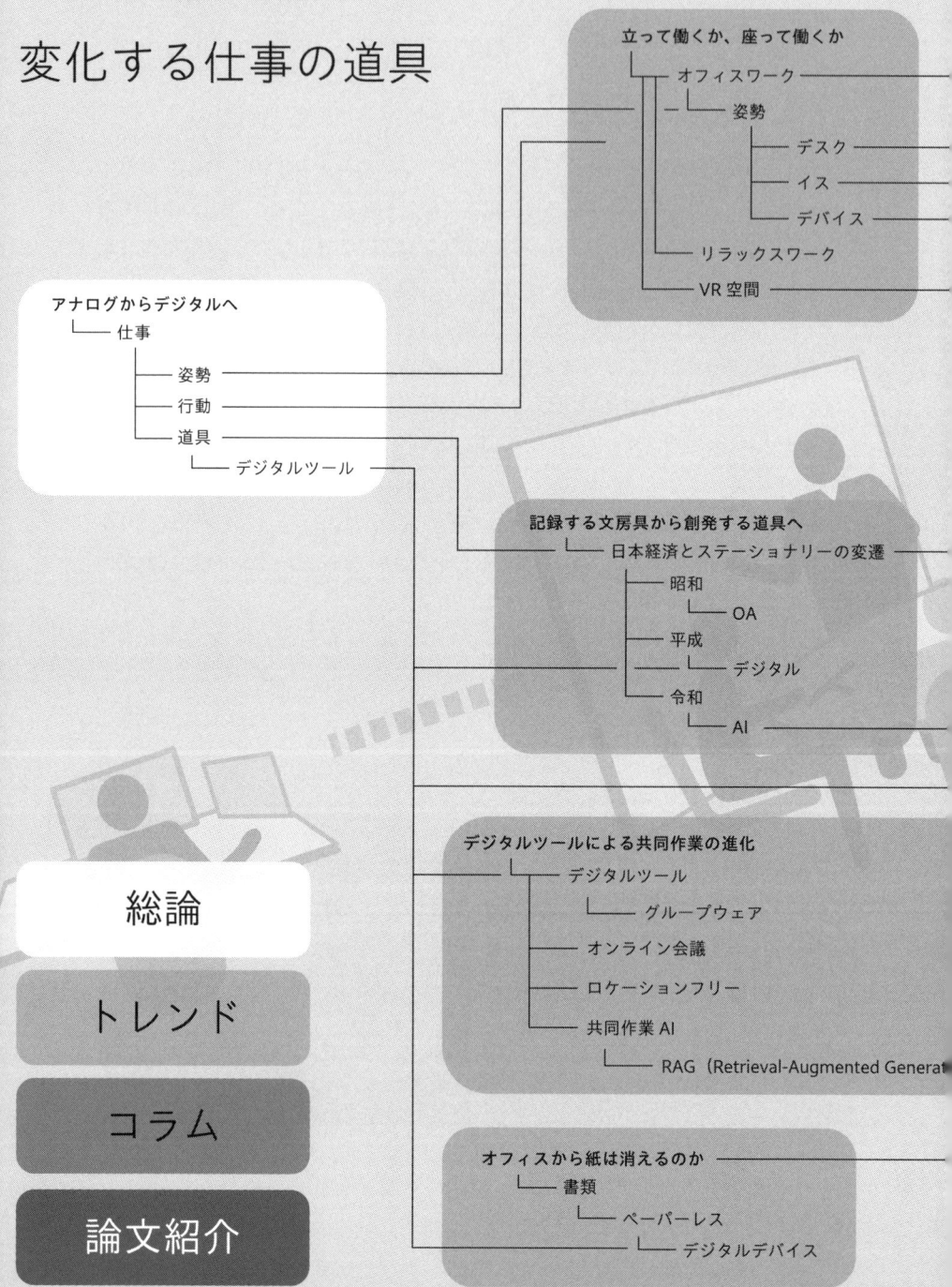

立って働くか、座って働くか
- オフィスワーク
  - 姿勢
    - デスク
    - イス
    - デバイス
- リラックスワーク
- VR 空間

アナログからデジタルへ
- 仕事
  - 姿勢
  - 行動
  - 道具
    - デジタルツール

記録する文房具から創発する道具へ
- 日本経済とステーショナリーの変遷
  - 昭和
    - OA
  - 平成
    - デジタル
  - 令和
    - AI

デジタルツールによる共同作業の進化
- デジタルツール
  - グループウェア
- オンライン会議
- ロケーションフリー
- 共同作業 AI
  - RAG（Retrieval-Augmented Genera

オフィスから紙は消えるのか
- 書類
  - ペーパーレス
  - デジタルデバイス

総論

トレンド

コラム

論文紹介

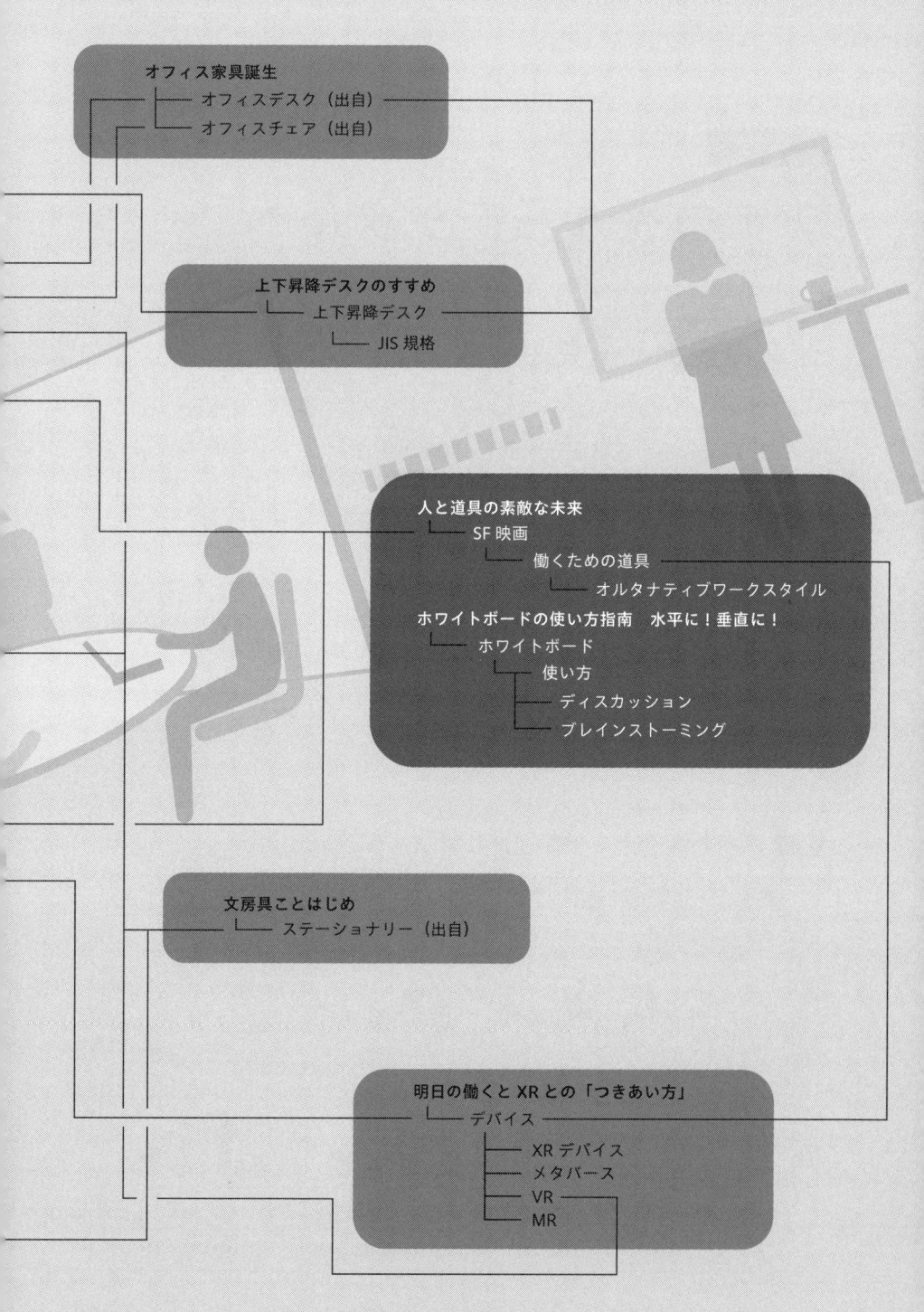

オフィス家具誕生
└── オフィスデスク（出自）
└── オフィスチェア（出自）

上下昇降デスクのすすめ
└── 上下昇降デスク
└── JIS 規格

人と道具の素敵な未来
└── SF 映画
└── 働くための道具
└── オルタナティブワークスタイル

ホワイトボードの使い方指南　水平に！垂直に！
└── ホワイトボード
└── 使い方
├── ディスカッション
└── ブレインストーミング

文房具ことはじめ
└── ステーショナリー（出自）

明日の働くと XR との「つきあい方」
└── デバイス
├── XR デバイス
├── メタバース
├── VR
└── MR

本章を構成するキーワードマップ

アナログからデジタルへ

仕事の変化と道具の変化

オフィスワークの中心は長らく情報処理でしたが、それらは情報技術の進化とともに人の手から離れて高速化・自動化が進み、ワーク全体の構成も変化しています。その方向性はおおむね 図1 のように整理できます。情報処理が減る一方で、知識の価値を高める知識処理は増える仕事、新たな知識を生む知識創造は増やしたい仕事といえるでしょう。

こうした変化を可能にしている主な手段は情報技術やその道具ですが、それらの影響は単に仕事内容にとどまらず、人々の働く行動や姿勢を変え、働く場所の多様化をもたらし、そうして変化するワークスタイル全般を支える新たな仕組みや道具も生み出しています。

図1 減る仕事、増える仕事、増やしたい仕事と行動

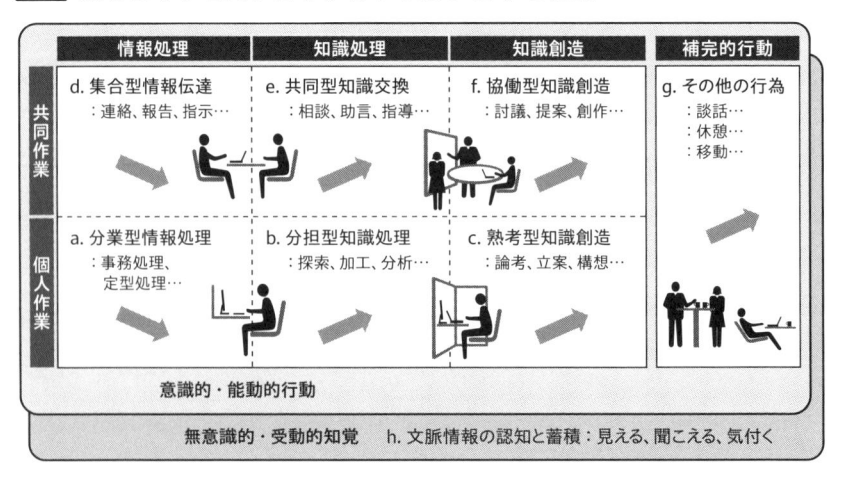

個人作業の道具と行動・姿勢の変化

　従来のオフィスでの分業型情報処理の道具の中心は帳票や報告書などのアナログ書類とペンなどの筆記具でした。それらを使うときの姿勢は、視線は机上面を向き上体は前かがみになります（**図2**）。作業環境としては、うつむけば集中、顔を上げればコミュニケーションできるオープンなデスクワーク環境が一般的でした。

　OA（Office Automation）化によりデスクトップPCの使用が広がると、デスクワーク時の視線はモニター画面に向かって徐々に前向きになり、上体は起き上がります。続いて、モニターの大型化に伴ってさらに後傾姿勢となり、その上体を支えるために椅子の背もたれも高くなりました。

　その後、ノートPCが普及すると、作業姿勢は多様化することになります。小さくなった画面に向かう前傾姿勢や、大型モニターを外部接続し併用する後傾姿勢が混在し、同時に会議室やラウンジといったデスクエリア以外の場所でもPCを使うようになりました。

　初期のデジタルツール（デスクトップPC）は電源や通信線につながった重量機器のため、それ以前のアナログツールよりも利用場所が固定された道具でしたが、ノートPCは小型軽量で電源・ネットワークともにワイヤレスとなり、使用場所を選ばないツールとなっています。

　今日では、さらにタブレットやスマートフォンが加わり、複数ツールを持ち歩きながら状況に応じて使い分けることで、オフィスの内外でも柔軟に働け

図2 道具の変化とともに変わる作業姿勢

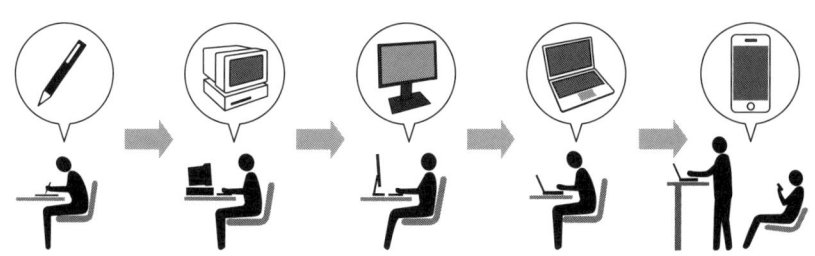

るようになっています。こうした手持ち作業のできる携帯機器が普及したことで、上体は後傾しながらも頭部は前傾する作業姿勢も加わることになりました。さらに、昇降デスクやカウンターでのスタンディングワークやカジュアルなソファワークなど、多様な働き方が選べるようになっています。

共同作業の道具と行動の変化

アナログ時代のミーティングなどの共同作業の代表的な道具といえば、ホワイトボードやフリップチャートといった大型の記入面とマーカーの組合せでしょうか。これらに加えて、会議参加者には紙の手元資料も多く配布されていました。

ノートPCが普及し始めるとプロジェクターとスクリーンも加わり、会議資料もデータによる事前配布が推奨されるようになりました。近年では大型モニターの導入も増えています。

また、Eメールやグループウェアなどのソフトウェアツールの普及に伴って、集合型情報伝達（連絡・伝達のために集まる会議）が減る一方で、小規模で随時の打合せは増える傾向にあるようです。

こうした変化に加えて、近年急速に普及しているオンライン会議ツールやチャットツール、クラウド型の編集ツールによって、分散拠点での非対面型コミュニケーションや、非同期での文書編集の共同作業が行えるようになっています。リモートワークやハイブリッドワークが日常的な働き方の選択肢として定着しつつある今日、アナログとデジタルを適材適所で使い分けながら、リアルとオンラインをシームレスにつなぐための環境づくりも進んでいます（**図3**）。

調整と連携を支える道具

デジタルツールとネットワーク環境の普及によって働く場所と時間の選択肢が広がり、オフィスワーカーにとって移動と分散の自由度が高まっていますが、そうした働き方を効果的に支えるためには新たなツールも必要になっ

図3 リアルとオンラインのシームレスな連携環境

ています。

図1 に示したように、オフィスワークの多くは意識的で能動的な行動によって構成されていますが、それらのバックグラウンドでは無意識的で受動的な知覚も働いています。そこで受け取っているのは、物事や情報の背景、ともに働く同僚たちの様子や作業の進捗状況など、以前は場所と時間を共有することで、自然に見え、聞こえ、気付き、蓄積されていた暗黙知的な文脈情報や共通体験の記憶です。

　人々が分散すると、こうした情報の共有を補い、離れた人々の行動予定を調整したり、時間と場所を超えた連携を支える仕組みや道具が必要になってきます。各種のスケジューラーや予約システムから、離れた相手の状況や行動モードを把握するための状況共有ツールやバーチャルオフィスツールなど、さまざまなツールやサービスが提供されるようになりました。組織やグループの働き方に合わせて、それらを効果的に選び組み合わせることが求められています。

デジタルツールがもたらす多様な働き方と働く場所

　アナログツールで仕事をしていた時代、人々はリアルなオフィスに集まり、場所と時間を共有していました。紙の書類に情報を記録し、伝達し、保管し、コミュニケーションの多くは対面または固定電話を使った同期型のものでした。整然と並んだデスクに向かい、書類に囲まれて作業するオフィスワーカーの姿は、かつてのオフィスの典型的なメージだったといえるでしょう。

やがてコンピュータと通信を中心とするデジタル技術の進化とともに、情報処理の高速化が進み、オフィスワークの姿はPCなどの機器の操作へと移行し、コミュニケーションのスタイルには対面とオンラインが混在するようになります。そして、働く場所と時間も柔軟に選択できるようになりました。

　オフィスワークの形式には、従来の「デスクに向かっての個人作業」や「リアル空間での対面同期型の共同作業」、「テーブルを囲んでのコミュニケーション」の他に、「クラウド経由の非同期型の共同作業」や「分散拠点間のオンラインコミュニケーション」も加わりました。

　そこで使われるツールは、小型でありながら多彩なアプリケーションがインストールされ、ワイヤレスでモビリティに優れた高機能な情報通信機器です。そして、人々は作業内容や状況に応じて適切な場所を選んで移動するワークスタイルを手に入れました。

　デジタル技術は進化を続け、AIが大きな変革をもたらそうとしています。多くの仕事がなくなるといわれる一方で、想像できない新しい仕事が生まれるとの声も聞こえます。その行方は定かではありませんが、加速度的に変化していくことは間違いないでしょう。

　ただし、オンラインの先にも、仮想アバターの向こうにも、生身の人はいます。そこに身体がある限り、操作する機器も、活動する場所も、姿勢や動作を支える家具も必要です。

　仕事の道具、働き方、働く場所が今後どう変わり、何が残る／変わる／生まれる／消えることになるのか、想像してみましょう。

オフィス家具誕生

　近代的なオフィスの定義を仮に少数の管理者が多数の雇用者を管理監督する組織的な管理空間だとすると、その定義が生まれたときから管理者と雇用者の家具は形式的に分かれていました。管理者はフラットトップデスク（平机）に座り、雇用者はスラントトップデスク（テーブルトップが斜めになった机）で作業を行っていました。だいたい15世紀ごろ形式化されます。その後、19世紀に入ると、アメリカに渡ったスラントトップは、スタンディングタイプが定着しました。何故、テーブルトップが斜めなのか、スタンディングタイプになったのかと言うと、当時の帳簿が大きく重いため、いちいち座ったり立ったりするのが非合理的だったからです。1883年の『ビジネス成功の秘訣』でも「帳簿デスクは、スタンディングデスクが必須であり、会計士が一度座って作業をし、別の作業のために、あらためて立ち上がりまた座ることは非合理である」と書かれています。

　そして19世紀の後半に革新的なオフィスデスクが普及します。それがロールトップデスクです。このデスク誕生の背景には大きく2つの要因が関わっています。1つは、1873年に発売されたタイプライターの急速な普及により、結果的に書類が増え、それを保全するための仕掛けが必要となったこと。もう1つは、当時のアメリカは、特許取得のための新製品開発競争が激化していて、その特許取得のためさまざまなモノたちが誕生し、その1つがロールトップデスクだったのです。

　ロールトップデスクはアブナー・カトラーが1850年に蛇腹の仕組みの特許をとり、その後、息子のフレドリック・ハドソン・カトラーがそれをデスクに応用したことで誕生しました。先行してテーブルトップを隠すデスクとしてシリンダーデスク（1／4円のシリンダーを回転させて机上を隠すシステム）があったのですが、製作が難しく高価であったため、フレドリックはこのシリンダーを蛇腹にすることで安価に多量生産できると見込み、特許を取得して生産し、普及することになります。

　そして、オフィスチェア。19世紀前半まで、「オフィスチェア」という専用の椅子は存在していませんでした。アメリカではアメリカンウインザーチェア、とくに（パイプを吸うときに肘が載ってちょうど良かったため）スモーカーズボウと呼ばれた背もたれ

が低いウインザーチェアがオフィスに普及していました。もちろん、普通の四本脚です。それがいつ、私たちが知っている回転軸を持つ椅子となったのか。これも特許が絡んでいます。

　たとえば1853年、ピーター・テン・アイクは上述のスモーカーズボウの脚を切り取り、そこに回転脚を金属のリクライニング機構を装着し特許を取得しました。しかしながらこの椅子は特許タイトルにあるようにただの「チェア」でした。ジークフリート・ギーディオンはこう書いています。「彼はただ、改良型ロッキングチェア（略）を作ることで頭がいっぱいだった。誰一人としてこれを事務専門に使うことは思いつかなかった。50年代にはこの型の椅子は家庭で使われた」。つまり、この時代、この手の椅子は家庭でもオフィスでもどこでも使われていました。それが何故、オフィス専用になったのか。そこには、ヨーロッパから持ち込まれたある道徳感が影響しています。それが新古典主義を背景とした「ビクトリアンモラルティ」でした。そこでは、礼節が重んじられ、家庭にアイクのようなメカニカルな椅子を持ち込むのは禁忌とされました。その結果、現在でもそうであるようにメカニカルな回転椅子は家庭用ではなく、オフィス専用となっていったのです。

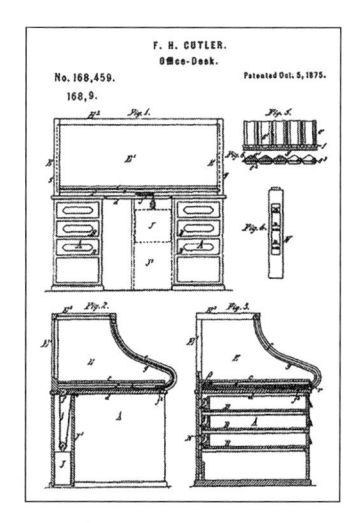

F.H. カルター
Office Desk 1875

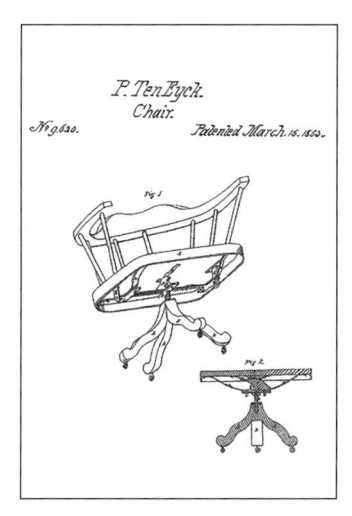

ピーター・テン・アイク
Chair 1853

立って働くか、座って働くか

オフィスワークの変化と姿勢課題

　オフィスワークというものが誕生してから今日に至るまで、そのあり方はどのように変わってきたでしょうか。また、それらは働く姿勢に対してどのように変化をもたらしてきたでしょうか。

　PCが普及した1990年初頭あたりにはPCの操作を伴うデスクワークが主流の働き方となり、営業など、外に出る部署や会議時を除くと、多くの人が大部分の時間を自分の席で座って自分専用のPCで仕事をするようになりました。そこから現在に至っても、その基本的な形は大きくは変わっていません。

　人間の体は本来、イスに座って何時間も同じ姿勢でPCに向かって作業をするようにはできていません。20万年前に石器で動物を狩り洞窟に住んでいた時代には、体の構造がすでに現代の人間とほとんど同じつくりになっていたことを考えると、長時間のデスクワークがいかに体にとって不自然なことかイメージできるでしょう。体にとって不自然な姿勢で何時間も集中して作業をしていると、当然ながら腰痛や肩こり、目の疲れなど、さまざまな体の不調が引き起こされます。

　さらに、最近ではテクノロジーの進化や新型コロナウイルスの流行がオフィスワークの形態に大きく影響を与えました。テレワークやリモートワークが広まって場所にとらわれずに働けるようになり、従業員にとってはオフィスへの出勤が必須ではなくなりました。その結果、ワークライフバランスの改善や通勤時間の削減など多くのメリットをもたらした一方で、自宅では適切なオフィス用家具がない状況で仕事をしなければならない場合も多く、働く姿勢は悪化しています。

　たとえば、在宅ワーク専用の場所がない家庭では、ダイニングテーブル、

ソファ、時にはベッドに腰かけてパソコンを操作しなければならないなど、人間工学的に不適切な作業環境で仕事をすることがあります。加えて、在宅ワークは個人で集中して作業をすることが多いため、オフィスでの仕事よりも長時間同じ場所で座り続ける傾向にあります。こうした環境は、本来の職場に比べても姿勢を損ないがちであり、長期にわたる健康問題につながる恐れがあります。

従業員の姿勢問題に対する企業の考え方の変化

　平成初期以前の企業では、従業員の働く姿勢は生産性やパフォーマンスに直結するものという視点から主に考慮され、勤勉さや長時間労働を美徳として、何をどれだけ達成したかということが重要視されていました。しかし、近年では社会全体の健康に対する意識の高まりとともに、企業の考え方も大きく変化しています。現代の企業では、従業員の肉体的および精神的健康が持続可能な働き方と企業の総合的な成果にとって重要であることが認識され、長期的な投資の対象として理解されるようになってきています。働く姿勢の改善は現在では会社としても重点的に取り組むべき問題といえます。

働く姿勢にアプローチするオフィス家具の例

　では実際、体に負担をかけず快適に働くためには、どのようなオフィス家具を使用すべきなのでしょうか。

　人間は四足歩行から二足歩行へ進化する過程で、体が垂直に立つことで内臓の荷重を腰で受けるように変わり、そのため骨盤が大きく発達し、背骨の下端と一体となって腰の保護の役割を果たすようになりました。背骨はアーチ形状からＳ字形状に変形し、頭部の荷重を胴体に対して垂直に受けるようになりました。それにより、頭部の荷重を効率的に支えることができ、今日のような発達した知性を獲得しました。頭は背骨の上に乗り、首は細くなり回転しやすくなりました。

　これらの変化は、人間の基本姿勢が直立二足歩行であることを前提に起

きているため、座姿勢のときには無理が出てきます。座ると骨盤は後ろに倒れるように回転し、Ｓ字形状だった背骨はアーチ形状になり、首の角度は不自然に倒れます。立位では骨に支えられていた内臓は、座ると内側に圧迫されて苦しくなり、背骨の椎間板も押しつぶされます。加えて、モニターの高さが合っていない場合には、首が前か後ろに傾いて首の筋肉が緊張し、頸椎の痛みや頭痛につながることがあります（**図1**）。

　一般的に人は座ることによって体は楽になっていると考えますが、実際には楽になっているのは脚のみで、このように、体の内部、特に上半身側では座ることにより無理が生じています。そして、無理な姿勢をとり続けることで、慢性的な肩こりや腰痛、そして姿勢不良による疲労といった健康問題の発生リスクが高まります。

　これらの問題を解消するためには、仕事をしながらでも自然な体の形を維持できるようなオフィス家具のデザインが求められます。また、人間は生き物である以上、体を動かしている方が自然であり、同じ体勢のまま止まっていることは不自然にあたるため、たとえ良い姿勢であっても、同じ姿勢で固まるのは良くないとされています。良い姿勢をとることももちろん大切ですが、それ以上に、同じ姿勢で長時間固まらないことが大切です。

　では、具体的に体への負担を減らし働きやすい職場環境を提供するオフィス家具にはどのようなものがあるでしょうか。

図1 歩行姿勢の進化の変遷と座姿勢の比較イメージ

①イス

　座った状態で自然な体の形を維持するためには、イスの選択が非常に重要です。長時間イスに座っているとどうしても姿勢が崩れがちになりますが、適切なオフィスチェアは、骨盤の角度を適切に保ち、S字形状の背骨をサポートするように工夫されています。

　たとえば、座面のクッションの凹凸により、お尻から太ももの裏側までの体圧分布をコントロールすることで筋肉の疲れを軽減し、骨盤がだらりと後方に回転することを予防します。腰部にフィットするような形状のクッションが備わっているものは、それによって背中のS字を保つことで長時間座っていても背骨の負担を減らし、快適な座り心地を提供します。座面の高さが調節可能であれば、個人個人の体型やデスクの高さに合わせることができます（ **図2** ）。

　これらは正しい姿勢を維持するための手段としてのイスの特性ですが、そこに動的な要素を加えて、動きながら体が自然な姿勢を取れるようにサポートするものもあります。バランスボールや、自転車のペダルのようなものを踏みながら仕事をするもの、さらには座面が自在に動くイスなどが例にあげられます。動きながら働くことで、オフィスワークで損なわれがちな筋力を鍛えながら、自然と正しい姿勢がとれる、という考え方に基づいたものです。

図2 適切なオフィスチェアの機能

②デスク

　作業面の選択も重要です。座った状態でのデスクの適切な高さは、天板が床から60〜72センチメートル程度の位置といわれています。しかし、これはイスの座面高さによって変わるため、固定デスクよりも天板が昇降するデスクを選ぶことで、より個人の体型に合わせた高さに設定できます。

　高さ調節ができるデスクは、立った状態での作業も可能にするため、運動不足の解消にもつながります。立った状態で作業をすることにより、不自然な背骨の曲がりや内臓への圧迫を減らすだけでなく、筋肉が鍛えられて血行も良くなります。机の高さをスタンディングデスク用として固定してしまうのではなく、高さが上下に調整できるようにして、立ち作業と座り作業を交互にとることで、立ちすぎによる体への負担を軽減しつつ、姿勢の改善が望めます。

③デバイス

　モニターアームやPCチルト台を使用することで、モニターやキーボードなどの入出力デバイスの位置と傾きを調整できます。これによって、目線の向きや高さ、デバイスとの距離を自然な状態に保ち、疲労を減らすことができます。可能であればモニターやキーボードを別々に固定してそれぞれの位置を調節すれば、体にとって最適なセッティングにすることができます（ **図3** ）。

　一般的には姿勢を良くするための家具といえば、まずイスがイメージされますが、最適な姿勢をとるためにイスにできることは腰から背中までの範囲にとどまるとされています。肩から上はデバイスやデスク側での調整に大きく左右されることから、完璧な姿勢をとるためには、細部まで気遣って周辺家具を選定する必要があります。

④リラックスワーク用家具

　近年増加しているラウンジや共有スペース、自宅などでのリラックスした作

図3 モニター、キーボードの位置と姿勢の関係

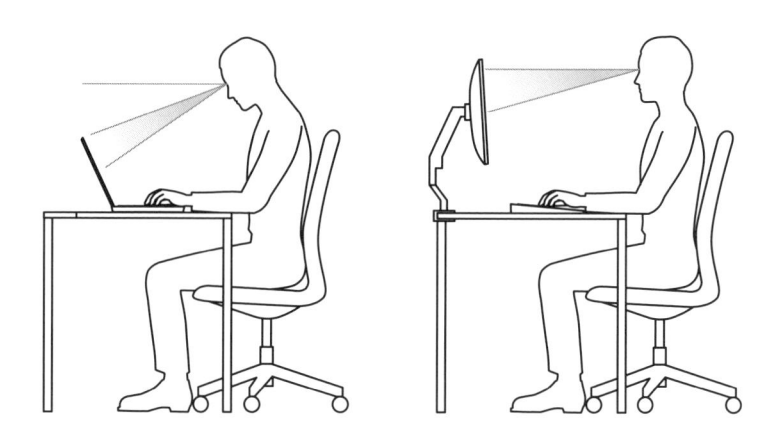

業環境を提供するための家具として、ソファ型の座席や、ハイバックチェア、ローテーブルなどがあります。少しくつろいで仕事ができるような場をつくることで、従業員は長時間のデスクワークによって固まった体をリラックスさせることができますが、執務デスクに比べてゆったりとした体勢になりやすく、姿勢が悪くなりがちです。イスのように座面と背もたれの工夫により姿勢をサポートする機能的なソファや、ポータブルなPCスタンドやタブレットホルダーなどのリラックスワークを支えるデバイスも活用されています（**図4**）。

今後の働く姿勢とモノ側の課題

　今後、働き方の変化やテクノロジーの進化によって、働き手の姿勢も変化し、それに対するモノ側のアプローチも変わっていきます。新たな働き方は新たな物理的な負担を生むので、それらを軽減するためのサポート製品の革新が追いつく必要があります。

　たとえば、入出力デバイスの進化としてVR（仮想現実）やAR（拡張現実）などの没入型テクノロジーが発達し、業務に一般的に使われるようになれば、今まで以上に場所にとらわれずに自由な働き方ができるようになるでしょう。

図4 背もたれの角度調節とフットレストによる姿勢サポート

それでも、ヘッドマウント型VRゴーグルは人の頭に装置を装着するので、本来はない荷重が頭部にかかり、首にも負荷がかかります。それに対応するために開発されると思われるのは、VR装置の重量を分散させて首への圧力を軽減するためのベルトなどの製品でしょう。あるいは、さらにテクノロジーが進化して軽量なARグラスが登場するまでは、ゴーグル型デバイスはさほど普及しないかもしれません。

　このように、オフィスワークの環境は、テクノロジーと社会のニーズの変化によって絶えず進化しています。今後も働き方の多様化が進むなかで、従業員の姿勢と健康を考慮したオフィス家具やデバイスの開発はより一層重要になっていきます。新しいツールの導入は、作業環境に新たな活力をもたらす一方で、それに適応したエルゴノミクスの考え方が必要になるでしょう。

　企業には従業員が健康を維持しながら効率的に働けるよう、継続的に作業環境を改善することが求められます。また、従業員自身にも自らの姿勢や健康を意識し、適切なツールや家具を使用することで、快適な仕事環境を

つくることができるリテラシーの習得が望まれます。こうした努力が、より健康で生産的な職場環境を実現するための鍵となるでしょう。

上下昇降デスクのすすめ

実は危険な「座りすぎ」

　仕事はデスクの前に座ってするのが常識です。座らないと身体が安定せず落ち着きませんし、じっくりと物事を考えられないように思えます。そんな私たちにとって当たり前の「座る」という行為ですが、過ぎたるは何とやら、座る時間が長すぎると身体に悪影響を及ぼすという研究成果が近年数多く報告されています。

　たとえば、2012年、オーストラリアで行われた調査によれば、1日の座位時間が11時間を過ぎると死亡リスクは1.4倍に跳ね上がるとのことですし、ロンドンのバスの運転手（座位）と車掌（立位）を対象にして心臓病の発症率を比較したところ、運転手の方が発症率もその後の死亡率も高かったという調査結果も報じられています。さらに、姿勢の違いによる腰への負担を調べた研究によると、立ち姿勢を1としたときに座り姿勢による腰への負担は1.40〜1.85倍とされ、オフィスワーカーの基本姿勢である座り姿勢は腰にとって負担の大きな姿勢だといえるのです。

　多くの時間を座って過ごしている私たちオフィスワーカーは働きすぎだけでなく、座りすぎにも注意しなければならないようです。

「座りときどき立ち仕事」がおすすめ

　仕事を行う姿勢は身体に大きな影響を及ぼします。「座りっぱなし」や「立ちっぱなし」に比べて、座ったり立ったりを繰り返す「座りときどき立ち仕事」は足のむくみ、疲労、眠気が同等かそれ以下に抑制されることがわかっています。普通に考えると、足のむくみや疲労に対しては「座りっぱなし」が一番楽そうに思えますが、実は適度に姿勢を変える方が疲労やむくみは少ないのです。また、オフィスの生産性という点から考えると、眠気は集中力の低下や、ケアレスミス、PCの誤操作などにつながり生産性を著しく低下させますが、「座りときどき立ち仕事」は「立ちっぱなし」と同等まで眠気を抑制することができるのでオフィスでのパフォーマンス向上が期待できるのです。

　それでは、どのくらいの時間座って仕事をし、どのくらい立って仕事をすればいいのでしょうか。実験してみたところ「座りっぱなし」を続けるより、1時間ごとに15分ほどの立ち仕事を加えることで、腰の痛みに対する自覚症状は軽減することが明らかになっています。

「座りときどき立ち仕事」をするとき、座り用と立ち用の高さの異なるデスクを用意して、それらの間を行き来するのは現実的ではありません。そこで開発されたのが、デスクの作業面の高さを簡単に上げ下げすることのできる「上下昇降デスク」だったのです。

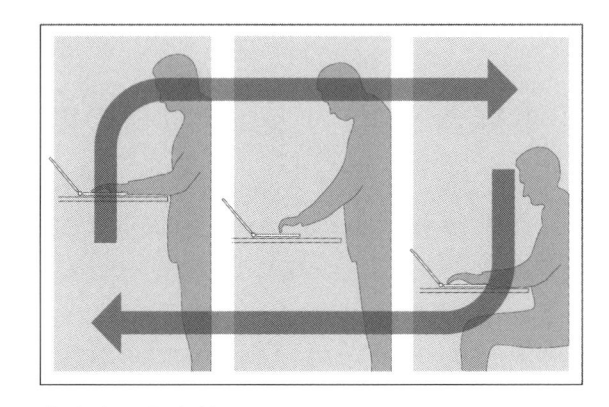

仕事を行う姿勢

「座り仕事」でも高さ調節しよう

　ときどきは立って仕事をするのが良いのですが、そうはいっても座って仕事をする時間の方が長くなるのが現実です。「上下昇降デスク」は、立ち仕事に対応できるのが大きなメリットですが、実はそれだけではなく、座って仕事をするときにも有効なのです。私たちの体格は人それぞれ。背の高い人もいれば低い人もいます。また、デスクの上で行う作業だってさまざまです。ノートPCでの作業、紙の書類を扱う作業、細かい物を注視する作業……。このような多様な条件に適したデスクの高さを1つに決めることはできません。それぞれの人、それぞれの作業に応じた適正な高さがあるのです。「上下昇降デスク」の本当の価値は、立ち仕事だけではなく、座り仕事にも柔軟に対応できるところにあるのです。事務用いすの座面の高さが調節できるのと同じように、デスクの高さも調節できるのが当たり前になるのは遠い未来の話ではないかもしれません。

記録する文房具から 創発する道具へ

日本経済とステーショナリーの変遷

　この項では、現代のオフィスの変化とこれからについて、オフィスで使われる道具、ステーショナリーという視点から見てみましょう。

　昨今ではペーパーレスやDX（デジタルトランスフォーメーション）の必要性がさかんに叫ばれ、ステーショナリーと呼ばれる、いわゆるアナログな文房具やファイリングなどのシステムの多くは、その立場が急速に変化しています。特にコロナ禍において、日本の書類文化、ハンコ文化などは、批判の的ともなりましたし、アナログな文房具は不要という論調も出てきている今、オフィスにおいて、ステーショナリーはどんな役割を担ってきたのか、デジタルツールとの関係性はどう変化してきたのか、といったことを振り返ってみるのは、今後を考える上でも大切なことだと思います。

　ここでは日本のオフィスに限って話しますが、特に日本のオフィスで使われる道具の変化は、下記のように、元号で切り分けて大きく3つの時代区分で見ると理解しやすくすっきりと俯瞰できます。

　昭和（戦後）：OA（オフィスオートメーション）1950年代〜1989年、平成：IT（情報技術）1989年〜2019年、そして令和：AI（人工知能）2019年〜の区分です。

戦後の経済成長と昭和のOA

　戦後から昭和の終わりまでの時代は、一言でいえば、効率化の時代です。日本で現在「オフィス」としてイメージされる事務作業環境を形づくったのは、主に戦後の復興のなかで、1950年代以降に、木造低層の事務所に代わっ

て急速に普及したコンクリート造のオフィスビルと、木製机に代わって工場で規格化され量産されたグレーのスチールデスク、白熱灯に代わって明るく均一な光を放つ蛍光灯などでした。

　もちろん、そこで使われるステーショナリーも最新の道具がどんどん採り入れられます。たとえば、意外かもしれませんが、現在当たり前に使われているボールペンは、戦時中に発明され、日本には終戦後に進駐軍とともに入ってきたもので、それ以前には存在していませんでした（**図1**）。ボールペン以前の事務作業は、主に鉛筆とつけぺん（ペン先にいちいちインクをつけて書く）や万年筆で記録されていました。

　当初はインク漏れなどトラブルの多かったボールペンでしたが、その後急速に品質が向上し、事務用筆記具の中心的な存在になっていきます。

　計算については、日本はかなり特殊な事例です。電卓は、1960年代にはじめて実用化されて日本に紹介されるや、国内でも複数のメーカーが開発に取り組み、世界をリードする生産大国にまで上り詰めます。そもそも電子計算機が普及する遥か以前から、日本では、読み・書き・算盤と言われるように、算盤を使った計算術は、基本的な技能として身につけていた人が多く、電卓普及期には、加減算なら算盤の方が速く信頼できるという人も少なくなく、なんと電卓と算盤を合体した製品が発売されるという不思議な状況が生まれたりします。そんな移行期を経て、電卓は毎年小型化、薄型化し、1970年代にはポケットに入る大きさになり、1980年代には誰もが当たり前に使うようになりました。

　戦後の混乱から高度経済成長へと加速していく日本のオフィスでは、日々膨れ上がる大量の情報を、より速く効率的に処理していくことが求められていきます。ここにさまざまな電子機械の急速な発達が重なり、オフィスの事務作業は、機械化・自動化され

図1 日本に初めて入ったボールペン

ていきます。すなわちOA時代を迎えます。

　この時期には、コピー、ファクシミリ、日本語ワードプロセッサ、パソコンなどが登場しました。日本語ワードプロセッサが登場する以前、書籍や印刷物以外の日本の文書は、ほとんど手書きでした。欧文では100年近く前から普及していたタイプライターも、日本語は文字数の多さから、そのまま転用できず、日本語用のタイプライターは開発されたものの、非常に複雑で効率が悪く、あまり普及はしませんでした。コンピューターの登場によって、文字変換が可能となり、日本語ワードプロセッサが開発されたことで、ようやく、ビジネス書類の文字が活字になり、また同時に、誤字を修正したり、過去の文を複製して書き替えて再利用するといったことが可能になり、文書作成の効率が圧倒的に良くなります（**図2、3**）。

　こうしてみると、今や当たり前のオフィスワークの基本形は、戦後昭和の時期につくられてきたことがわかりますし、この時代に鉛筆と帳面と算盤から、ボールペンとワープロと電卓へと、パワーアップしてきたことがよくわかります。

　しかし、この時代は、あくまで事務作業に機械を導入することで物理的な作業を効率化している状態です。また、それらの機械のほとんどは高価で大型だったので、個人レベルではま

図2 日本語ワードプロセッサ

図3 日本語ワープロ出荷台数推移

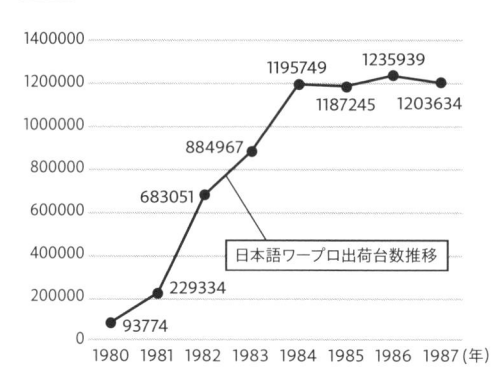

出典：(社)日本電子工業振興会「パーソナルコンピューターに関する調査報告書」より

172

だ手帳とノートとペンが主たる情報処理ツールであって、システム手帳や携帯用小型文房具セットなどの文房具が流行し、個人のデジタルツールといえば、ネットワーク化されていないデスクトップPCやワープロ、電子文具と呼ばれる単機能の製品が普及しはじめた状態でした。

オフィスワークがアナログからデジタルへ移行した平成

　平成に入ると、ビジネスツールが激変を始めます。なかでも三種の神器ともいうべき極めて重要な道具が、平成の到来に合わせたかのように相次いで登場します。

　1つ目は携帯電話です。1985年に車載や肩掛けだった携帯電話が平成に入って一気に小型化。ハンディサイズになり、エグゼクティブの象徴から、ビジネスマンの武器として普及し始めます。

　2つ目はノートPCの登場。机上の巨大な箱だったPCが徐々に小型化され、平成元年に東芝が発売した世界初のノートPC「Dynabook J-3100」を嚆矢として、どんどん小さく軽く薄く、高性能になり、ビジネスマンが鞄に入れて携帯できるほどの大きさへと変化していきます。

　3つ目はインターネットの商用利用開始です。世界中のコンピューターがつながることで、情報の共有や利用が爆発的に広がりました。平成に入って、これら現在のビジネス環境を考える上で必要不可欠なデジタル技術の基礎がすべてそろい、情報そのものを利用することが可能となり、単なる省力化、効率化であるOAは、もっと情報そのものを積極的に活用していくIT（情報技術）へと変貌しました。

　これらの技術は相互に影響を与え合い、携帯電話によるデータ通信、カメラ付き携帯電話、インターネットへの常時接続、そしてついにはそれらのすべてがスマートフォンへと集約され、平成の終わる2019年には、ほとんどのビジネスマンがスマートフォンを利用するに至り、昭和の後期までオフィスワークの中心にあった紙とペンは、情報の記録や保存、共有閲覧、加工、分析など、その主たる役割のほとんどをスマートフォンとノートPCに譲る形となりました（図4）。そして手帳やノートなどのアナログツールは、記入の容易

さや自由度の高さなど、デジタルツールの不完全性を補う補助的な役割へと、じりじりとその領域を狭めていきました。平成の中頃から、手帳や文房具が「趣味」として語られ始めたのも、この移行によって実用的な役割を失ったことと関係がありそうです。

図4 初代スマートフォンiPhone

図4 初代スマートフォンiPhone

　ただし、このような状況下でも、オフィスからなくならなかったアナログツールもあります。会議室のホワイトボードや付箋、模造紙などがその一例です。これらは、会議の進行、議事の整理や、アイデアの創出、共有などにおいて、デジタルツールにはない効果を発揮していました（図5、6）。

コロナ禍と生成系AIの登場と令和

　平成の約30年間を通して確実に進行したオフィスワークのデジタル化でしたが、令和元年末から世界的に猛威を振るった新型コロナウイルスによる混乱と、それに伴うコミュニケーションのリモート化によって、オフィスワークのデジタル化はさらに加速しました。これによって、一般的なオフィスワーク

図5 ホワイトボードでの
　　 ディスカッション

図6 グラフィックレコーディング

のほとんどがデジタルに代替され、多くのケースで、もはや紙とペンに触れなくても日常の業務をこなすことが可能になったといっても過言ではない状況です。

　さらに、2023年には爆発的に性能を向上させた生成系AIの登場で、事務処理だけでなく、プログラミングや作文、絵画や音楽にいたるまで、これまで人間にしかできないと思われていた多くの仕事の一部がコンピューターで代替可能であることが示されました。

　これは、AIを優秀なアシスタントとして使うことで、かつてないほど業務を効率化できる可能性があることを示唆していますが、同時に、人が担ってきた仕事そのものが代替され、AIに職を奪われるという脅威論すら、実現性を帯びてきました。

創発のためのこれからのステーショナリー

　今後、オフィスワークとその道具はどうなるのでしょうか。未曾有の速度で変化しつつある現在、この先の状況を正確に予測するのは困難ですが、少なくとも多くの業務においてデジタル化がこれまで以上に進行することは間違いないでしょう。そして、人間は、これまで担ってきた多くの役割をコンピューターに譲る代わりに、人間にしかできないこと、つまり、目指すべき方向を指し示し、これまで以上に本質的な価値や目的を創出することが求められるようになるでしょう。今後のオフィスステーショナリーのあるべき姿を考えるにあたっては、人間の創造性や発想を最大限発揮するために必要な道具として、デジタルだけでなく、紙とペンも含めたあらゆるツールについて、もう一度その本質的な効果と利用の可能性について研究する必要があります。

図7 手書きオンラインミーティング

コラム 3

文房具ことはじめ

「記録する文房具から創発する道具へ」では、主に戦後から現代に至るオフィスで使われた道具について語りました。

しかし、もちろんそれ以前からステーショナリーは人類とともにありました。

ここではもう少し引いた視点から、世界と日本のステーショナリーの歴史について概観してみたいと思います。

ステーショナリーの起源を何とするかは考え方によりますが、ラスコーの洞窟には紀元前1万5000年頃描かれたとされる壁画がありますから、少なくともこれ以前からすでに人は記録や伝達の手段を獲得していたといえますし、紀元前5000年頃には小さな粘土の塊で会計を記録しました。その記号がもとになって、紀元前3500年頃にメソポタミアで粘土の板に文字が刻まれ始めたといわれています。

その後、より軽量で、より記録しやすいメディアを求めて、世界中でさまざまな筆記媒体が試行錯誤されます。紀元前3000年頃からエジプトで使われたパピルス（パピルス草の繊維から作られた一種の紙）は、粘土板に比べると圧倒的に軽く、インクとペンで自由な線が描けました。パピルスは地中海世界で広く使われるようになりましたが原料のパピルス草がナイル川河口付近でしかとれなかったため、紀元前2世紀頃に羊や牛の皮から作られる羊皮紙が発明されます。

羊皮紙はどこでも作ることができ、薄く軽いのに加えて、大変丈夫でしたが、獣皮を削いで作るのに手間がかかるので、大変高価でした。こうした歴史に決定的な変化をもたらしたのが、紀元前2世紀頃に中国で発明された紙です。紙は、それまでのどの筆記媒体よりも軽く、薄く、柔軟性があって、あらゆる筆記具や印刷に対応できる、まさに万能の素材で、しかも圧倒的に低コストで生産できました。そのためその製法は世界中に伝播し、それまでの筆記媒体をことごとく置きかえていきました。シルクロードを通ってヨーロッパに紙が伝わったのは12世紀頃です。パピルスや羊皮紙に取って代わった紙によって、書物の大量印刷や、郵便の発達、新聞や雑誌など情報メディアの登場が可能となり、識字率の上昇、宗教改革、科学革命、産業革命へ

と、人類の知的生産能力は一気に加速・発達しました。

　では、日本はどうだったでしょうか？　日本は中国に近かったこともあり、紙の製法が伝来したのは欧州よりかなり早い6世紀頃。日本は国土全体が細長い山脈で、温暖で多雨。つまり、傾斜が急で綺麗な水が勢いよく流れる川がたくさんあり、紙の原料となる植物が容易に入手できます。これは紙作りにとっては極めて有利な環境です。このため日本では紙作りが全国的に行われるようになり、独自の洗練によって高品質な和紙が作られ、江戸時代の終わりまで、1000年以上にわたって和紙と筆の文化が長く続いていきます。次の大きな変化が訪れたのは明治の開国の時でした。欧米の文化や技術とともに多くのステーショナリーが流入し、情報の記録や伝達の質が大きく変化します。和紙と筆に代わって、洋紙とペンが導入され、情報密度が上昇し、アラビア数字、複式簿記法、ファイリングなど、さまざまな技術が事務作業を激変させます。日本は驚異的なスピードでそれらを吸収し、順応していきました。現在文房具やステーショナリーという言葉でイメージする道具のほとんどは、この時までありませんでした。そういう意味では日本のステーショナリーの歴史は、たった150年と言うことも可能です。

　人類は1万年以上の時間をかけ、思考を記録する道具と技術をステップアップすることで、時間や空間を越えた思考の伝達や蓄積を可能にし、抽象的概念を操り、量的な限界を拡張してきました。文明はステーショナリーの進歩とともに進歩してきたと言っても過言ではありません。デジタルツールの登場によりステーショナリーのあり方がかつてないほど激変している今は、こうして歴史を俯瞰してみても、どの時代にも劣らぬ人類史の大きな変革点であることは間違いありません。そんなふうに考えると、ワクワクしてきませんか？

デジタルツールによる
共同作業の進化

はじめに

　これまでも触れてきたとおり、オフィスワーカーの仕事は、個人作業から共同作業へと変化しています。さらに、デジタルツールの進化によりネットワークでつながりながら場所にとらわれず仕事をするようになりました。ここでは、デジタルツールによる共同作業の進化について考えてみましょう。

グループウェアはリアルタイム共同作業ツールへ

　近年、共同作業で欠かせないものがクラウド型のグループウェアです。グループウェアとはオフィスの生産性向上を目的としたシステムで、かつては掲示板機能やファイル共有機能をメインとした、情報共有のためのソフトウェアでした。**図1** はグループウェアの代表的な機能です。その後はクラウド化が進んだことで、どこからでもアクセスが可能になり、コミュニケーションツールとしても進化しています。

図1 グループウェアの主な機能

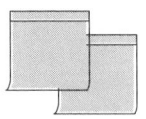     

掲示板	文書管理	施設予約	スケジュール管理	連絡ツール
・情報共有ポータル ・社内SNS	・申請書 ・ワークフロー機能	・会議室予約 ・備品予約	・打合せ日程調整 ・タスクリスト	・メール ・チャット

　たとえば、チャットアプリがあげられます。以前だと、「ありがとう」「了解」だけのメールの受信と整理には、誰もが煩雑さを感じていたでしょう。そういったコミュニケーションを円滑にするショートメッセージのやりとりはメールからチャットアプリに移行しており、メール利用の煩雑さが軽減されています。

　また、ファイルの共同編集機能が充実したグループウェアもあり、資料の編集をコミュニケーションをとりながら行うことができることもクラウド型グループウェアの重要な特徴でしょう。以下に、共同編集機能の代表的なメリットを整理します（**表1**）。資料を作成する際に共同編集機能を使用することで完成までのスピードがとても速くなり、質も高くなったとの声も多く聞きます。

　このように、グループウェアはクラウド型になることで共同作業ツールとして進化し、本来の目的である生産性向上に寄与しています。

オンライン会議ツールの活用

　パンデミック以降、もっとも普及したデジタルツールはオンライン会議ツー

表1 クラウド型グループウェアによる共同編集機能のメリット

機能	メリット
リアルタイム共同編集	変更がリアルタイムで反映され、変更の反映漏れや統合作業が効率化される。
バージョン履歴管理	オフライン状態での作業やトラブルが起きた場合でも、バージョン履歴の確認により以前の状態に戻せる。
コメント機能	資料にコメントを付与し、さらにチャットツールのように会話も可能。タスク管理も容易である。
権限設定とアクセス制御	閲覧のみ、編集可能、コメントのみなど、細かい権限設定が可能。マニュアルや申請書など最新資料の一斉発信に役立ち、誤編集を避けられる。
クラウドベースの保存	ファイルはクラウド上に保存され、どこからでもアクセス可能。デバイスの故障や紛失によるデータの損失も防止できる。

ルでしょう。遠隔地会議システムは以前からありましたが、専用線を引き何億円もかけて構築する高価なものであったり、低価格だと画質や音質に遅延やストレスを感じることがあったりしました。しかし、今日普及しているものは、インターネット回線経由で誰にでもアクセス可能なレベルでありながら、単なる遠隔地会議システムを超えた多彩な機能を備えています（**図2**）。

代表的なオンライン会議ツールのひとつ、Zoomの国内販売店であるNECネッツエスアイ（以後、NESIC）社はパンデミック以前からテレワーク制度を導入し、オフィスを機能・目的に応じて分散させ、各拠点をZoomで常時接続した働き方を行っています。同社によると、Zoomは「全世界にハイブリッドワークを日常化させ、新しい働き方とイノベーションを加速した」。さらに、「オフィスにおけるABWの概念を大きく変え、ファシリティマネジメントにも新しい考え方をもたらした」とのことです。

ABWはワーカーが業務を活動に分解し、それに適した場を選択する働き方ですが、NESIC社ではスタイルフリー型の働く場とし、最適な働き方に合わせて場のセッティングを組み替えることを行っています。また、イノベーションの機会を生むために、オフィス空間をオープン化しながらもハイブリッド化し、オフィスのどこからでもリモート接続して他サイトのメンバーとつながることを前提としています（**図3**）。

図2 オンライン会議ツールの主な機能

ビデオ会議	アクセス制御	資料共有	チャット	録画機能	字幕機能
・ビデオ会議 ・音声会議 ・セミナー	・ホスト機能 ・ロビー機能 ・チャットへの 　アクセス	・画面共有 ・アプリ共有	・個別チャット／ 　全体チャット ・ファイル送付	・録画 ・サムネイル 　作成	・自動字幕 ・自動翻訳

図3 オープンでスタイルフリーなハイブリッド環境のNESIC社オフィス

スタイルフリーエリア

デジタル型会議室設備

ハイブリッド執務室設備

イノベーションエリア

コミュニケーションデザインされた快適で生産性の高いオフィス

オフィス内のハードウェアツールの変化

　オンライン会議が普及すると、オープンスペースのそこここで会議が開かれ、煩わしさを感じている人もいるでしょう。1人1台のヘッドセットを配られている企業もあると聞きます。自席、あるいはオープンスペースでのオンライン会議については、どの会社も頭を悩ませているところではないでしょうか。音を遮断してくれるパーティション、音が拡散しない指向性スピーカー・マイクなどの環境ツールが、各社によって開発されてきています（**図4**）。

　逆に、会議室のようなクローズな空間ではリモート相手との臨場感を失わないために、小さな声や離れた席からも相手に声を届けることのできる集音マイクも登場しており、遠隔地会議、合同研修などに活用されています。

　次に、資料共有について考えていきましょう。今では多くの人が個人作業だけでなく、打合せの場でもノートパソコンを持って臨んでいます。同時に、資料共有のためのモニターやプロジェクターが整備された会議室が当たり前になっています。また、共有された資料と参加者を写すカメラと複数の投影面を持つ会議室も増えてきており、大画面化の傾向があると思われます。

図4 快適なオンライン会議を支えるために開発が進む多彩なツール

音漏れやハウリングを防止するウェブ会議用　背もたれ内の指向性スピーカーにより、周囲へ
音声コミュニケーションツール　　　　　　　の音漏れを抑えるボックス型ソファ

　しかし、ホワイトボードのようなアナログツールがなくなったわけではありません。多くの会議室にはホワイトボードとモニターが併用されていますし、話しながら情報を整理していくには手書きのホワイトボードはまだまだ便利で、ホワイトボードをそのままオンライン会議に取り込むツールも開発されています。

　ただし、近年はさらなる変化の予兆もみえます。iPadなどのタブレット端末の進化と普及が会議ツールにも変化をもたらしています。アナログのペンとノートはApple Pencilとノートアプリに代わり、ホワイトボード機能もタブレット端末への書き込みに置き替わり、オンライン会議ツールでそれらを共有することも増えてきました。はたして会議室からホワイトボードがなくなる日は来るのでしょうか。

場所や組織をまたぐ働き方

　今日、グループウェアでの共同作業、オンライン会議ツールの普及に伴い、場所にとらわれない働き方が広がっています。サイトをまたいだ打合せには「出張」か「オンライン会議」かのどちらかを選択するようになりました。オフィスを持たないスタートアップ企業も増え、日本に居ながら海外の企業で働く人も増えてきました。まさにニューノーマルといえるでしょう。

　また、場所にとらわれなくなると、これまで地域ごと、オフィスごとの部門

メンバーで構成されることが多かったチームが、地域をまたいで専門家を集めたプロジェクト型での働き方に変化しています。たとえば、「地域密着」という専門性を持つ営業担当は各地のメンバーが担い、その他のスペシャリストはオンライン会議で各地から参画する、というプロジェクトも多いのではないでしょうか（ 図5 ）。

　これからの働き方は、デジタルツールを用いてより場所にも組織にもとらわれない方向に進むでしょう。

デジタルツールによる共同作業のさらなる進化

　ソフトウェアの視点とハードウェアの視点から、デジタルツールによる共同作業の進化についてみてきましたが、これからはどのような進化があるでしょうか。

　2024年5月現在、生成AIが作ったイラストや音楽、論文などが話題にあがっていますが、今後は完成品ではなく、制作途中での活用が増えるとされています。すでに、オンライン会議の議事録の草稿を生成AIによって作成

図5 地域に属する部門ごとの仕事から、
　　　専門性を活かしたプロジェクトワークに

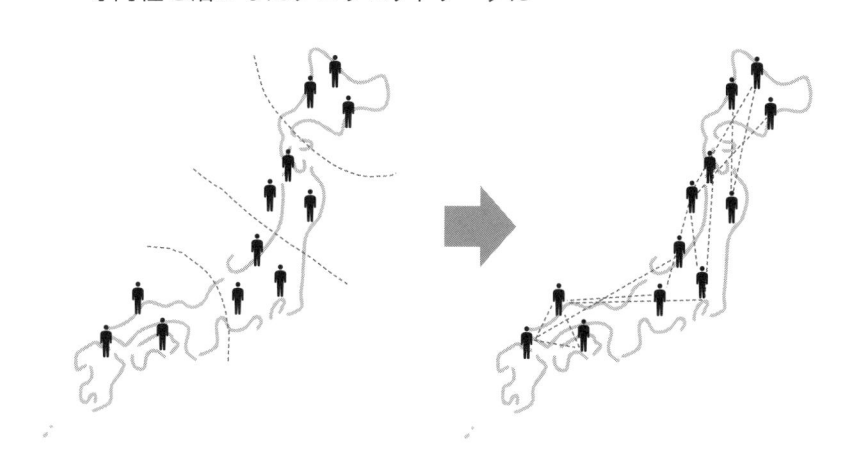

しているケースなども多いでしょう。

　前述のZoomには2024年から生成AIの技術が搭載され、AI Companion（コンパニオン）として、会議やアイデア出しのサポートをしてくれます。たとえば、「オフィスの出社率を高めるにはどうすればいいか」といったテーマを与えると、いくつかのアイデアを抽出してアイデア出しやディスカッションに慣れていないメンバーを助けてくれます。今後はAIファシリテーターとして活躍するのではないかとも考えられています。

　ちなみに、この項の原稿はAIに相談しながら書いています。具体的には、RAG（Retrieval-Augmented Generation: 検索拡張生成）という技術を使ったもので、AIが検索エンジンを参照しながら質問に答えてくれる仕組みです。現在多くのブラウザに搭載されています。もちろんAIは精度の低い情報を生成することがあるので注意は必要ですが、個人でもチームでも、遠慮なく相談できる「壁打ち」の相手として、AIとの「共同」作業も徐々に浸透してきています。

　その他にも、VRやAR、デジタルツインやメタバースといった、リアル空間とバーチャル世界をシームレスにつなぐ技術の進化を考えると、距離にとらわれない共同作業のプラットフォームの高機能化が今後も続くことは間違いありません。

　パンデミックの終息後、オフィスの出社率は増加していますが、デジタルツールの進化はとどまりません。私たちは今後もデジタルツールを活用しながら、対面でもリモートでも、人ともテクノロジーともつながりながら、効率的に創造的に共同作業を行っていくのでしょう。

明日の働くとXRとの「つきあい方」

　XR（クロスリアリティ）とは現実世界と仮想世界を融合させ、現実では知覚できない新たな体験を生む技術です。このXRを実現するデバイスは1962年にモートン・ハイリグが発表したセンソラマにから始まり、90年代にかけてデバイスの研究開発が進みましたが、当時の装置は十分な没入感が得られず、高額なこともあり普及に至りませんでした。日本では1997年からMR（複合現実）技術の研究が進み、2012年に国産MRゴーグルが誕生し主に自動車などの研究開発用途で普及しました。2010年代以降、安価かつ軽量で扱いやすい家庭用VRゴーグルの登場と、IT技術の進歩により、XRは一般レベルで手の届くテクノロジーになったといえます。

　コロナ禍でテレワークが当たり前になり、ウェブ会議などのリモートコミュニケーションが一般化したこともあり、2020年以降、XR・メタバース空間上でコミュニケーションできるサービスが多く生まれました。（株）イトーキとホロラボ社が共同開発した遠隔3Dコミュニケーションシステム「HOLO-COMMUNICATON」もその1つです。MRグラスとモーションセンサーを使用して、遠隔のオフィスにいる相手がまるでその場にいるかのようにコミュニケーションできます。

　XR・メタバースを介したコミュニケーションやクリエーションへの関心は、教育現場も同様です。STEAM教育（Science, Technology, Engineering, Art, Mathematics　5つの分野を統合的・横断的に学ぶ教育のこと）が推進されるなか、（株）イトーキとある高校は、デジタル技術をさらに活用し、生徒がメタバース空間を活用して個性を活かした表現活動を行う「研究発表会」と、海外と接続して交流を行う「国際交流会」の実証研究を行いました。研究発表会では、現実の展示空間には広さなどの物理的制約があるのに対

MRグラスを装着すると、遠隔にいる相手がホログラムとして現れ会話できる

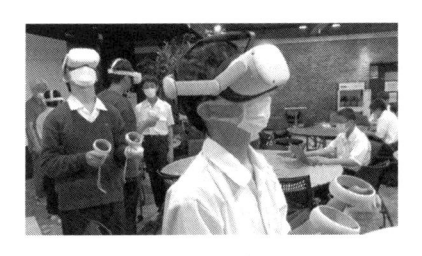
研究発表会に参加した生徒たち

メタバース上の展示空間

し、メタバース上では制約に縛られず自由に資料をレイアウトできることや、3D による立体表現が可能なため、よりわかりやすく、創造的に表現できたという意見が得られました。国際交流会ではウェブ会議システムとは別に、PC やヘッドマウントディスプレイを使ったメタバース上での交流を実施したところ、メタバース上でアバターを介して交流すると緊張感が軽減したという意見が得られました。身振り手振りを交えることで自由に交流ができることから、メタバースでの国際交流が生徒同士の関係構築に効果的であることがわかりました。

　小学校の跡地活用を課題にしたある大学との産官学連携授業では、学生が仮想空間上に建築をデザインしプレゼンテーションまで行いました。PC や図面、模型での検討に比べ、実際のサイズで空間を体感しながら検討できる点は、経験の浅い学生にとって自身の設計を実寸大で見て問題や課題を理解する機会となったようです。

　XR を活用したオフィスを実現していくためにも、企業・大学の垣根を越えて、さまざまなパートナーと次世代の「働く」と「学ぶ」の研究開発を推進し、XR との「つきあい方」への理解を深めていく必要があるでしょう。

大学でのプレゼンテーションの様子

オフィスから紙は消えるのか

オフィスで扱われる書類

　オフィス環境ではさまざまな書類が扱われています。契約書、経理書類、税務書類、人事書類、機密文書、株主総会関係書類、登記関係書類、特許書類、領収書、発注書、受注書、見積書、請求書、仕入れ伝票などきりがありません。これらの文書は、その性質に応じて一般書類と重要書類の2つに大別されます。

　一般書類は、日々の業務で頻繁に参照されますが、その有用性は比較的短期間に限られ、長期間の保管を必要としません。一方で、重要書類は企業運営に不可欠な商法に規定される書類など、厳重な秘密保持が求められる機密文書が含まれます。これらは、廃棄が許可されているもの、一定期間保管が必要なもの、そして法律や規制により永久保管が義務付けられているものに分けられます。

　これらの文書をすべて紙ベースで管理すると、膨大な量となり、オフィス内にはそれを収納するためのスペースが必要となります。また、文書の廃棄に関しても、適切な手順を踏んでから行う必要があり、セキュリティやプライバシーの観点からも慎重な管理が求められます。

　このような背景から、ペーパーレス化は現代のオフィス運営において避けて通れない課題となっており、デジタル化による文書管理の効率化が強く推奨されています。デジタル化すれば、文書の検索性が向上し、物理的なスペースの節約だけでなく、環境への配慮にも寄与することができます。さらに、適切なデジタルツールを使用することで、文書のセキュリティを強化し、厳格なアクセス管理が可能になります。ペーパーレス化は、オフィスの効率化、セキュリティの向上、環境負荷の軽減という3つの大きなメリットをもたらします。

ペーパーレス化の社会的背景

　デジタルの波は、国をあげての働き方改革と密接に関連しており、従来のワークフローを見直し、業務効率と生産性の向上を目指す動きが加速しています。このなかで、ペーパーレス化は、業務プロセスの効率化だけでなく、環境保全やセキュリティ強化といった利点を複数もたらす重要な要素となっています。

　デジタル庁の設立や電子帳簿保存法の改正は、このデジタル化推進の具体的な一歩です。これらの政策は、アフターコロナ時代のハイブリッドワークの普及を後押しし、オフィス環境におけるペーパーレス化の必要性を一層強調しています。デジタル化された文書管理システムの導入により、オフィスワーカーは場所を選ばずに必要な書類にアクセスし、確認や変更を行うことが可能になります。これによって書類の整理や検索にかかる時間が大幅に削減され、その分を他の業務に振り向けることができれば、全体的な生産性の向上が見込まれます。

　さらに、サステナブルな社会を目指す世界的な動きのなかで、ペーパーレス化は環境保全の観点からも大きな意義を持ちます。紙の使用量を減らすことは、森林資源の保護に貢献し、廃棄物の削減にもつながります。またESG経営への関心が高まるなか、企業は環境への配慮を経営戦略に組み込むことが求められており、ペーパーレス化はその一環として積極的に取り組むべき課題です。

　ペーパーレス化は、物理的な書類保管に必要なスペースを削減し、オフィスの省スペース化と快適で機能的なワークスペースの実現に寄与します。また、デジタル文書は適切なアクセス管理と暗号化によって、機密文書の漏洩リスクを減らし、企業の情報資産の保護を強化することにつながります。

　以上のように、ペーパーレス化は、業務の効率化、環境への配慮、セキュリティ強化という3つの重要な側面で、企業に対して価値を提供するのです。

アナログとデジタル、それぞれの利点

　紙ベースの文書（アナログ）とデジタル化された文書は、それぞれに独自の利点と制約があります。アナログ文書の最大の利点は、その直感的な扱いやすさです。電源などの立ち上げなどを必要とせず、いつでもどこでも読むことができる表示保持性、複数の文書を並べて見たときの一覧性、そしてページをめくることで、前後の情報を素早く参照できる相互参照性はアナログ文書が長年にわたって愛用されてきた理由です。また、アナログ文書は目にやさしく、長時間の読書にも適しており、電子機器による目の疲れを避けることができます。

　その一方で、デジタル文書には以下のような技術的な優位性があります。大量のデータをコンパクトに保存できる保存性、物理的な距離を超えて情報を瞬時に共有できる速達性、より遠く離れた場所からでも文書にアクセスできる遠隔操作性、そしてデータの複製や修正が容易である編集性です。さらにデジタル文書は検索性が高く、必要な情報を迅速に見つけ出すことができ、廃棄性においても、不要になった情報の削除が容易です（**表1**）。

　アナログとデジタルの文書は、読み物としての利用においては大きな差異はないかもしれませんが、オフィスワークのような実務的利用においては、その違いが顕著になります。アナログ文書は、手書きでの追記や、文書間の整合性を確認するための物理的な作業が容易であるため、特定の業務においては効率的です。しかし、デジタル文書は、その編集の容易さ、共有の速

表1 アナログとデジタルの利点の比較

アナログの利点	デジタルの利点
表示保持性：いつでもどこでも起動不要 **一覧性**：複数文書を並べて見られる **相互参照性**：ページめくり素早く前後比較 **目にやさしい**：反射光で見やすい表示面	**保存性**：大量情報を効率よく保存 **速達性**：距離を超えて瞬時に共有 **遠隔操作性**：離れた場所からアクセス **編集性**：複製・修正・版管理の容易さ **検索性**：必要情報が迅速に見つかる **廃棄性**：不要情報の削除が容易

さ、そして保管の効率性において、現代のオフィス環境における欲求を満た
すものとなっています。特に、複数の人が同時に作業を行う場合や、文書の
バージョン管理が重要な場合には、デジタル文書の利点が際立ちます。

　結局のところ、アナログとデジタルの文書は、それぞれの状況に応じて選
択されるべきであり、両者の利点を生かしながら、効率的かつ効果的な文
書管理を行うことが重要です。デジタル化の進展に伴い、多くの企業や組
織では、ペーパーレス化を推進し、デジタル文書の利点を最大限に活かすこ
とで、業務の効率化と環境への配慮を図っています。しかし、アナログ文書
の持つ独特の魅力と利便性も忘れてはならず、適切なバランスを見つけるこ
とが、現代の情報管理における課題といえるでしょう。

ペーパーレスを後押しするデジタルペーパー

　デジタル化された文書を扱う際、多くの人がまずPCやタブレット端末を
思い浮かべるのではないでしょうか。これらはデジタルデバイスの代表例と
して広く普及していますが、アナログの利便性とデジタルの機能性を組み合
わせたハイブリッド型デバイスとしては、デジタルペーパーや電子ペーパーが
開発されています。これらは、従来のPCやタブレット端末に比べて軽量で
あり、紙に近い感触を提供することを目指しています。

　デジタルペーパーのディスプレイは、バックライトを使用せず、自然光を乱
反射させる紙のようなマットな質感を持っており、長時間の閲覧にも目にや
さしいという特長があります。また、スタンバイ状態からの再表示のレスポ
ンススピードが非常に速く、省電力設計のため、1週間程度は充電なしで使
用できる点も、デジタルデバイスの一般的な欠点を克服しています。デジタ
ルペンによる書き心地も自然で、アナログペンと遜色ない快適さを実現して
おり、紙とペンを使う感覚でデジタル文書の編集が可能です。

　これらのデバイスは、デジタルの利点を生かしつつ、編集や共有、管理の
しやすさを追求しており、ペーパーレス時代のニーズに応えるために設計さ
れています。しかし、すでに市場に定着しているタブレット端末と比較する
と、デジタルペーパーの普及はまだ進んでいないのが現状です。これはタブ

レット端末が提供する多様な機能やアプリケーションの豊富さ、そして既存のデジタル環境への適合性が、ユーザーにとって魅力的であるためかもしれません。

　デジタルペーパーは、紙のような読み心地とデジタルの便利さを兼ね備えたデバイスとして、特に文書を頻繁に読む必要があるユーザーや、長時間の読書を好むユーザーにとって理想的な選択肢です。また、省電力で持ち運びやすい特性は、外出先での使用や、電源が限られている環境での使用にも適しています。今後、デジタルペーパーの技術がさらに進化し、コストが下がり、さらに多様な機能が追加されれば、その普及は加速する可能性があります。デジタルペーパーは、アナログの良さとデジタルの利便性を組み合わせることで、私たちの読書習慣や文書管理の方法を革新するかもしれません。

ペーパーレスオフィスの実現性と将来性

　日本製紙連合会が発表した「2024年 紙・板紙内需見通し報告」によると、情報用紙の国内需要は、2014年に183.6万トンに達していました。しかし、2020年には新型コロナウィルスの影響でリモートワークが広まり、前年比で10.9％減少しました。その後も、需要は緩やかながら減少傾向を続けています（**図1**）。

　しかしオフィスでは、企業努力にもかかわらず、依然として多くのアナログペーパーが使用されている実態が明らかになっています。ペーパーレスオフィスの実現は、現在のところ困難な状況にあります。インフラが整った大企業ではペーパーレス化への移行が比較的容易ですが、紙伝票を主に使用している中小企業、零細企業にとっては、基幹システムの導入などに伴う初期投資が大きな障壁となっています。これらの企業にとっては、投資に見合う効果が明確でない限り、ペーパーレス化を推進することは難しいのです。

　さらに、電子署名法、IT書面一括法およびデジタル社会形成整備法などの法律が施行されたことで、多くの契約書類は電子契約できるようになりましたが、電子契約が認められない書類も存在します。法定保存文書などは、紙で受領したものは原則として紙で保管する必要があります。このような書類

図1 情報用紙の国内需要

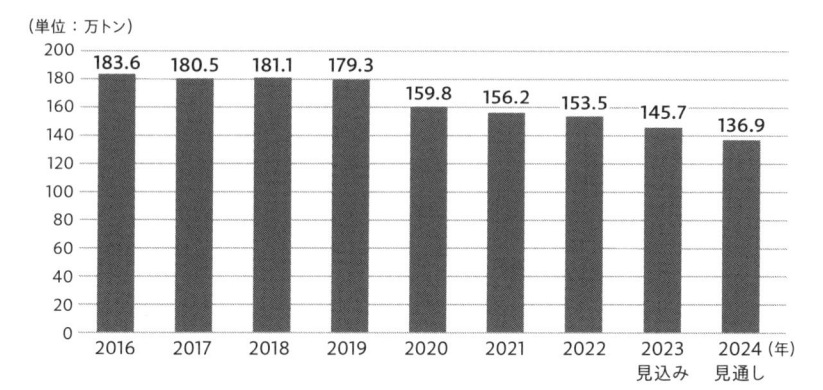

（単位：万トン）

年	万トン
2016	183.6
2017	180.5
2018	181.1
2019	179.3
2020	159.8
2021	156.2
2022	153.5
2023 見込み	145.7
2024 見通し	136.9

https://www.jpa.gr.jp/file/release/20240122104847-1.pdf

の存在も、ペーパーレス化の推進を妨げる一因となっていると考えられます。

今後はペーパーレスオフィスの完全な実現を目指すよりも、アナログペーパーをできるだけ保存しない、「ストックレスオフィス」の実現を目指す方が現実的かもしれません。新型コロナウィルスの流行によってリモートワークを経験した私たちは、デジタル技術の利点とともに、アナログペーパーの利便性も再認識する機会を得ました。編集中の文書は紙に出力しチェックし、文書が完成し役割を終えたらデジタルデータは残して紙は廃棄するという流れが、効率的な運用方法の1つになり得ます。

デジタルデータは共有、検索、管理が容易であり、必要に応じて再び紙に出力することも可能です。このような運用は、ペーパーレス化の理想と現実の間の妥協点として、今後のオフィス環境において適切な解決策となるでしょう。

ペーパーレス化の推進は、単に紙の使用量を減らすだけでなく、情報の管理とアクセスの効率化を図ることで、企業の生産性向上に寄与する重要なステップです。また、環境保護の観点からも、資源の節約と廃棄物の削減に貢献するため、持続可能な社会の構築に向けた取り組みとしても重要な役割を果たします。将来的には、法律やシステムのさらなる改善によって、ペーパーレス化の障壁が低減され、より多くの企業がこの取り組みに参加することが期待されます。

ホワイトボードの使い方指南
水平に！垂直に！

はじめに

　会議で壁に架かったホワイトボードを使っていますか？　みんなで情報共有するのにホワイトボードは便利ですよね。みんなで意見を出し合うときには、模造紙を広げることもあるかもしれません。

　考えてみれば、私たちは小・中・高・大学と教室の黒板に慣れ親しんできました。情報の発信者（先生）が情報の受信者（生徒・学生たち）に知識を一方通行で伝え、クラス全体で情報を共有する場合、このやり方は有効であることを体感しています。

　一方で、戦国時代のドラマの戦場では、地面や床に広げた大きな地図のまわりに武将が集まり、敵・味方のコマを動かして攻め方を軍議するシーンを見かけることがあります。みんなでアイデアを出し合うときはこのやり方が向いているのかもしれません。

　ここでは、ホワイトボードを垂直型で使った場合と、模造紙を広げるよう

実験の目的と方法

に水平型で使った場合とで、ディスカッションにどのような違いが見られるのかを紹介していきます。

　ホワイトボードの使い方（垂直、水平）がディスカッションにどのような影響を与えるかを調べるための実験を行いました。被験者は21名で、これを1グループ3名からなる7つのグループに分けグループワークをしてもらいました。この際に3つのグループ（A、B、C）にはホワイトボードを垂直で使ってもらい、残りの4つのグループ（D、E、F、G）には水平で使ってもらいます。

　各グループには、個人ワークの得点とディスカッションを経たグループワークの得点を比較できるクイズ形式の課題「月面で遭難したときどうするか」（内容は次のページ）に取り組んでもらいました。まず15分間個人で課題に取り組み、その後35分かけてグループでディスカッションしてグループとしての回答を出してもらって得点化します。

　全体用カメラとホワイトボード天板面用カメラで発話の回数とホワイトボードの活用状況を録画し、ホワイトボードの設置方法の違いがグループワークに及ぼす影響を分析しています（**図1**）。

図1 実験レイアウト

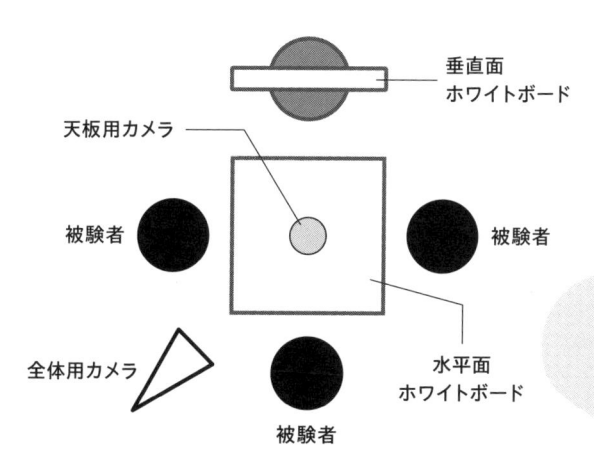

グループワークの課題

　グループワークはNASAの「月面で遭難したときどうするかゲーム」です。これは、宇宙船に乗って月面に着陸しようとしている宇宙飛行士になったつもりで考えてもらうゲームです。母船が待っている月面に着陸しようとしたのに、宇宙船の故障で母船から200マイル離れた場所に着陸してしまいました。宇宙船に残っていた15個のアイテム（ **表1** ）のうち、生存のために必要なものという観点から1〜15番まで優先順位をつけてもらいます。その結果をNASAの模範解答と照らし合わせます。模範解答との差が得点となり、得点が低いほど良い成績です。

　まずはこの優先順位づけを個人でやってもらい、得点を出します。その後グループでディスカッションし、グループとしての得点を出します。このゲームは、成績を競うことが目的ではありません。自分の意見をしっかり伝えられたか、チームで納得して答えを導き出せたかという点が重視されます。今回の実験では、グループ得点と個人得点の差がプラスに大きいほど成績が良いと判断しています。

成果の評価方法と結果

　課題に対する個人ワークの得点とその後ディスカッションして得られたグル

表1 15個のアイテム

- ・マッチ箱
- ・濃縮された食べ物
- ・50フィートのナイロンロープ
- ・パラシュート
- ・太陽熱利用の携帯用暖房機
- ・45口径のピストル
- ・粉末ミルク1ケース
- ・100ポンドの酸素タンク
- ・月面上用の星座図
- ・自動膨張の救命ボート
- ・方位磁石
- ・水5ガロン
- ・照明弾
- ・注射器の入った救急箱
- ・太陽電池のFM受信送信機

ープワークの得点の差（以降、得点増減量と言います）を被験者ごとに集計しました。各被験者の得点増減量をグループごとに合計した値が大きいほど、グループワークの成果は高くなります。それをまとめたのが **表2** になります。

　結果を見ると、ホワートボードを垂直面として使ったグループ（A、B、C）と水平面として使ったグループ（D、E、F、G）の間に大きな差がないことがわかります。垂直グループ、水平グループともに、得点増減量が高いグループと低いグループが混在しているので、ここからは、垂直・水平の優劣をつけることはできません。

　そこで次に、ホワイトボードを垂直に使った3グループと水平に使った4グループそれぞれから最も成績の良かったBとDを選んで、両グループが行ったディスカッションの状況を詳しく見てみることで、どのようにグループワークが進行していたのかを分析してみることにしました。

垂直面使用グループのディスカッションの状況

　ホワートボードを垂直面として使用したグループのなかで成績の良かったグループBについて、会話の状況とホワートボードの活用状況を調べて、どのようにディスカッションが進行したのかを見てみましょう。

　まず、会話の状況です。主張、提案、指示、質問といった会話の内容別にどのように発言がなされたのかを見ると、グループB（**図2**）では、グループD（**図3**）に比べて全体的に発言が少なく、内容別では「質問」や「応答」

表2 課題における個人とグループの得点増減量
　　　（得点は値が低いほど良い成績）

ホワイトボード	垂直面									水平面											
グループ	A			B			C			D			E			F			G		
グループ得点	52			42			38			44			34			52			54		
被験者	a	b	c	d	e	f	g	h	i	j	k	l	m	n	o	p	q	r	s	t	u
被験者(個人得点)	32	52	42	80	48	40	36	52	38	70	52	58	34	36	44	56	58	56	52	58	42
個人得点-グループ得点	-20	0	-10	38	6	-2	-2	14	0	26	8	14	0	2	10	4	6	4	-2	4	-12
グループ得点増減量	-30			42			12			48			12			14			-10		

図2 グループBの内容別累積発言ターンの推移

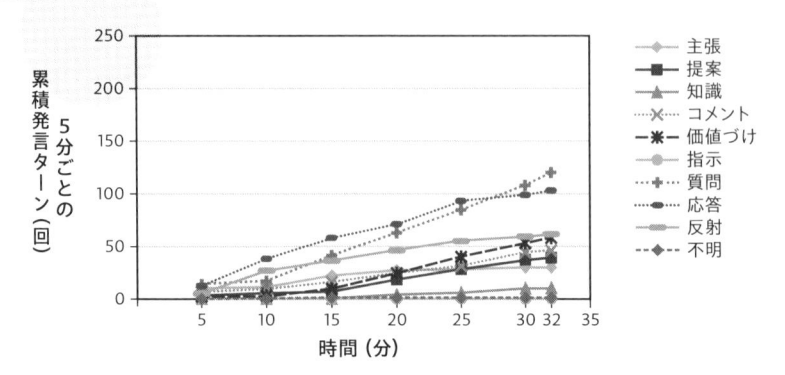

図3 グループDの内容別累積発言ターンの推移

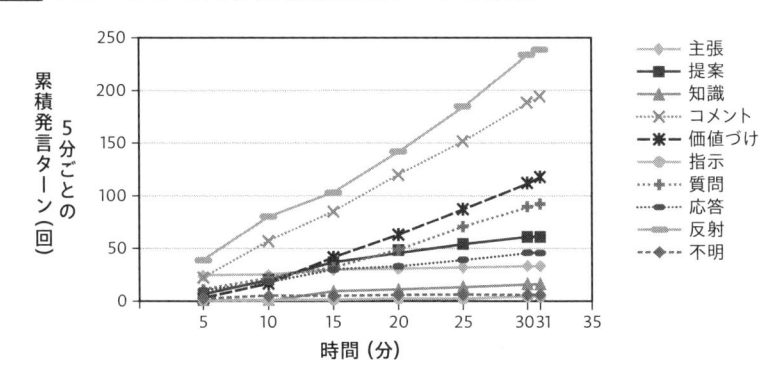

が多いことがわかります。

　次にホワイトボードがどのように使われたのかを見たところ、グループBでは、司会進行を務めるファシリテータ役が中心となって各メンバーの個人ワークの結果を板書した後、メンバーの個人がその回答に至った理由を図示し、最後にグループとしての回答をまとめていたことがわかりました。

　これらの結果から、垂直面ホワイトボードの場合には、ファシリテータ的役回りをする人がほかのメンバーに質問をして、その回答をホワイトボードに可視化することで個人の認識や考え方の違いを見つけやすくしていたことがわかります。そのため、効率的に論点の整理が行われて、高い成果につながったと考えられます。

水平面使用グループのディスカッションの状況

　ホワイトボードを水平に置いてディスカッションをしたグループDはどのような状況だったのでしょう。グループBと同様に、発言回数とホワイトボードの使われ方を見ていくことにしましょう。

　グループDでは多くの発言がなされていたことがわかります（**図3**）。そのなかでも対話を繰り返すコメントが多いのが見て取れます。対話しながら3人のうちの2人がホワイトボード使って、各々が異なる視点で課題解決に取り組んで、その後グループの回答をまとめていました。

　水平面ホワイトボードの場合には、板面を使って情報を共有することが難しいため、口頭での対話に依存せざるを得なかったので発言が多くなったのだと思われます。その一方で、ホワイトボードには各自が独自の視点で課題に取り組んだ結果としての気づきやアイデアが書き込まれ、それを補う形で対話がなされていました。こうした状況が生まれた結果、多角的な検討がなされ、高い成果につながったのでしょう。

まとめ

　この研究は、知識創造活動に寄与する因子を抽出するために、合意形成型ワークショップにおける垂直面・水平面ホワイトボードの活用と効果を比較検討したものです。その結果明らかにできたことをまとめると以下のようになります。

●**垂直面ホワイトボードの場合**
• 情報共有がしやすく、認識のずれや考え方の違いを把握しやすい。
• ファシリテーションがしやすい。
• ファシリテータ以外のメンバーが受け身になりやすい。
●**水平面ホワイトボードの場合**
• ホワイトボードで情報共有しにくいため、会話量が増える。
• 板面を用いることで、メンバー各自が思考やアイデア出しを容易に行える。

このように、垂直面、水平面いずれにも利点と欠点があることが明らかになりました。会議や打ち合わせに便利なホワイトボードも、使い方によってディスカッションの進め方に違いが出るようです。ファシリテータを決めて答えを導き出すようなときにはホワイトボードは垂直で使い、ファシリテータを決めずにみんなで意見を出し合うワイガヤするときは水平に使うのがホワイトボードの有効な使い方だと考えられます。

おわりに

　ブレインストーミングの場であれば、議題の確認や議論のポイント、結論の整理など、ブレストの最初と最後に行う情報を共有する場面では垂直面のホワイトボードが有効で、中間段階のアイデアを出す場面ではテーブルに置いて使うのがよいと実験で確認できました。

「物は使いよう」という言い回しがあるように、道具は使い方次第で役に立ったり、そうでもなかったりします。私たちが道具の配置を工夫して働く環境を自らの手で変えるのは、生産性を高める上で実はとても大事なことなのです。レイアウトを変えたり、縦のものを横にしたり、どんどん環境を変えて道具の機能を目いっぱい引き出しながら働きましょう。

　一方企業側にはワーカーが自律的に環境を変えられる道具を設えることが望まれます。また、環境を変えることに遠慮がちなワーカーに向けて「物は使いよう」を啓蒙・促進していくことも求められると思います。

出典：「合意形成型ワークショップにおける垂直面・水平面ホワイトボードの活用と効果」
　　　笹川佳蓮他、第19回日本オフィス学会大会梗概集、2018年9月

—— 論文紹介 2 ——

人と道具の素敵な未来

はじめに

　私たちは、さまざまな道具に支えられながら仕事をしています。時代とともに進化を続ける道具たちは、これからどんなふうに進化をしていくのでしょうか。

　未来の道具を考察するにあたって、SF映画が参考になるようです。SF映画からデザインの未来を考察・研究した書籍の作者[*1]は、以下のように記しています。

　「SF映画では現実世界の制約から解放されていて、技術的にはるかに進んだ未来の世界を描いている。私たちはそこからインスピレーションやアイデアを得て、想像力に磨きをかけることができる」

　今では当たり前となった技術や道具がまだ存在しなかった時代、人々はどんな道具を夢見て憧れを抱いてきたのでしょう。ここでは、ステイホームの最中にいた研究員たちがSF映画から未来の道具を研究するという、とてもワクワクする論説をご紹介します。

*1『SF映画で学ぶインタフェースデザイン──アイデアと想像力を鍛え上げるための141のレッスン』
　 Nathan Shedroff, Christopher Noessel, 赤羽太郎ほか訳, 丸善出版

研究の目的

　私たちが仕事のなかで使っている道具たちには、ある転換点を境に大きく進化したものが多くあります。インターネットの世界的な普及・発展によってペーパーレス化が進みました。フリーアドレスの導入によって、それぞれの道具の持ち方が変わりました。こういった大きな転換点が、私たちのワークスタイルに大きな変化を与えてきました。

　そんななか起こった、2020年の新型コロナウイルス流行。世界中のワーカーの働き方を大きく変えるきっかけとなりました。

　しかし、コロナによって急激に変化したワークスタイルは、必ずしもネガティブな変化だけではありませんでした。多様化する働き方を実感し、これからのワークスタイルを考え直すポジティブな機会となったのではないかと思います。コロナ禍で働くことで見えたポジティブな変化と、働くための道具を考察してみました。

研究の方法

　この研究はオフィス学会の「ステーショナリー研究部会」で行ったものです。コロナ禍で直接会うことができないというネガティブな状況を逆にポジティブなものととらえ直し、完全リモートワークで「楽しみながら研究する」という方針のもと行われました。具体的には、研究員と視察先のアポイントメントの関係で今まで1回／2ケ月のみ開催していた部会をオンライン会議で1回／2週間（最大で1時間）に回数を増やして行いました。コロナによって働き方が大きく変わることと、それによってどんな未来が待っているのかを考え、これから求められていく道具の姿を議論していきました。

SF映画から未来の道具を探る

　有名なSF映画を観て、人と道具の関係を分類し、未来の道具の仮説を立てました。対象としたSF映画は以下の通りです（ **表1** ）。

SF映画は大きく2つに分類できることがわかりました。1つは、AI（人工知能）を取り上げた物語です。『2001年宇宙の旅』『ゴースト・イン・ザ・シェル』など多くのSF映画がこちらに分類されます。AIがシンギュラリティ*2を超えることで起こるディストピアが描かれ、戦いの末に勝利を勝ち取るといういうストーリーが多くみられました。この場合、戦いのストーリーから明るい未来は描けないと仮定しました。

もう1つは、道具の進化を取り上げた物語です。『バック・トゥ・ザ・フューチャー』や『007』などが該当してはまります。人と最先端の道具とのユートピア的な共存はポジティブな未来につながると考え、「シンギュラリティを超えないユートピアの映画から未来の道具を考察することとにしました。

SF映画に登場する道具

シンギュラリティを超えないSF映画で使われている道具について議論します

*2 シンギュラリティ（技術的特異点）：AIが人間の知性を超える臨界点のこと。

表1 対象のSF映画

タイトル	発表年	監督
2001年宇宙の旅	1968年	スタンリー・キューブリック
ブレードランナー	1882年	リドリー・スコット
バック・トゥ・ザ・フューチャー	1985年	ロバート・ゼメキス
ミッション：インポッシブル	1996年	ブライアン・デ・パルマ
フィフス・エレメント	1997年	リュック・ベッソン
マイノリティ・リポート	2002年	スティーヴン・スピルバーグ
アイアンマン	2008年	ジョン・ファヴロー
アベンジャーズ	2012年	ジョス・ウェドン
her/世界でひとつの彼女	2013年	スパイク・ジョーンズ
エクス・マキナ	2014年	アレックス・ガーランド
ゴースト・イン・ザ・シェル	2017年	ルパート・サンダース

した。SF映画に登場する道具たちは、長い年月を経て実際の商品として世に出たものも多くあります。

たとえば53年前（2020年当時）の『2001年宇宙の旅』のワンシーンではタブレットコンピューターでニュースを見ながら宇宙飛行士がランチを食べるシーンが描かれています。他の映画も観てみると、自動運転技術やドローン、自動で靴ひもが結べるスニーカーなど……実にたくさんの道具が実現しているのです。

このようなSF映画では夢として描かれた道具たちにはある共通した技術的要素があることを見つけました。それはすべての技術がまったくの空想新技術ではなく、既存技術のなかに1つだけ新しい要素を組み込んでいる点です。

そこで、SF映画に登場する既存技術＋未来の一技術のハイブリッドな道具が人と道具とのユートピアな世界を創り出すヒントになると考え議論を進めることにしました。

在宅勤務で足りていなかった道具

ステイホーム下での働き方を研究メンバー同士で報告し合いました。報告内容は、「①在宅勤務の場所（**図1**）」「②在宅勤務で新たに購入したもの」「③在宅勤務のために空間や道具で工夫したこと」の3つです。

②について、共通して購入していたもののほとんどはウェブ会議を行うための道具でした。コロナ禍ではじめにみなが苦労したウェブ会議も、道具を買い足すことで予想以上に快適に機能していることがわかりました。

③について、いかにウェブ会議を駆使して意思の疎通や新たな発想をメンバーに共有できるかというのが重要になってくることがわかりました。また、在宅勤務によって時間管理が個人に委ねられるため、自己管理のための工夫を行うケースもありました。

これらの報告から、ウェブでのコミュニケーションアプリに注目して意見交換を行いました。

そのなかで、私たちの予想をはるかに超えて「使えるツール」として急速に

図1 在宅勤務の場所

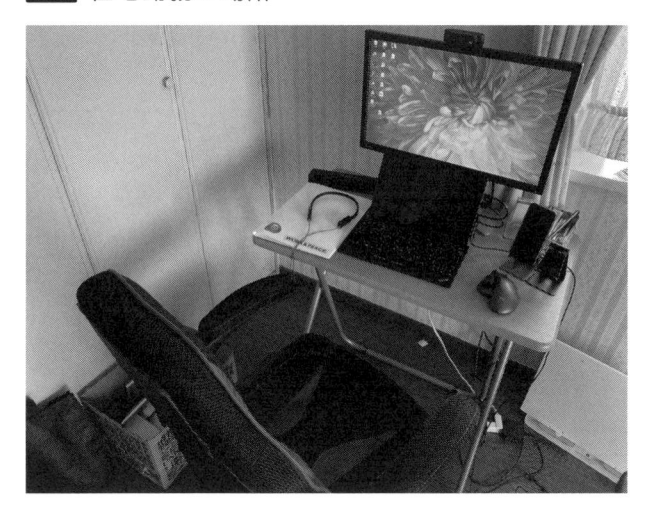

普及した一方で、創造作業や協業で「何かを作り上げる」ためのコミュニケーションにおいては物足りなさがあることが見えてきました。

結論と考察

　ここまでの議論から以下の仮説を立ててみました。

- 人と最先端の道具とのユートピア的な共存はポジティブな未来につながる。
- 「既存技術＋未来の一技術のハイブリッドな道具」がキーワード。
- ステイホームによってウェブでのコミュニケーションが急速に普及、その一方で創造作業のためのコミュニケーションには課題が残る。

　これらの仮説から注目する要素技術として「モーションキャプチャー」が挙げられます。これは人やモノの動きをデジタル化する技術で、**身体の動きを**センサーなどで読み取らせ、そのデータを創造的な活動につなげるものです。『マイノリティ・リポート』のなかでトム・クルーズがジェスチャーだけで画面操作をしていたあの技術です。

未来も現在の在宅勤務でも、一番の課題は自己表現かもしれません。特に遠隔から他人に自分自身の考えをリアルタイムで伝える際に体の動きを使うことは重要な伝達装置になるはずです。

　実際にApple社は360億円を投資しPrime Sence社の3D技術を獲得しています。ホワイトボードや大型モニターと連携して遠隔地のワーカーと協業作業を行う日は遠くないかもしれません。

おわりに

　SF映画とステイホームで起こったワークスタイルの変化から、道具の未来を考えてきました。AI機能が搭載されたり、完全にデジタル化されたりした道具は今後も出てくると思われます。しかし、「既存技術＋未来の一技術のハイブリッドな道具」は、ウィズコロナなどの生活の変化をきっかけとして、多様化する働き方を支える道具として広がっていくのではないでしょうか。

　新たな生活様式を余儀なくされた期間を経て、働き方の多様化が加速し、新しい道具やシステムが補完されながら新たなワークスタイルが生まれつつあります。新たなワークスタイルは決して「負」ではなく「未来」に向けた明るい兆候、進化なのだと考えます。そこにはSF映画で描かれた製品やシステムが実現され進化する真のオルタナティブワークスタイルの時代が待っているのではないでしょうか。その時代はシンギュラリティを超えない「人と道具の関係」であり、道具を取り巻く家具や空間もハッピーエンドなユートピアを描いた物語でありたいと願っています。

出典：「シンギュラリティを超えない、人と道具との未来の姿」藤木武史、日本オフィス学会誌
　　　Vol.12 No.2、2020年10月

第4章

座談会　変化する仕事・人・オフィスの行方

田辺 新一
×
松岡 利昌
×
地主 廣明
×
岸本 章弘
×
鯨井 康志

参加者

田辺 新一
(早稲田大学 理工学術院 創造理工
学部 建築学科 教授／日本建築学会
前会長)

松岡 利昌
(松岡総合研究所 代表取締役／日本
オフィス学会会長／日本ファシリティ
マネジメント協会 理事・フェロー)

地主 廣明
(東京造形大学 名誉教授／日本オ
フィス学会 副会長 学会誌編集委員・
企画委員)

岸本 章弘
(ワークスケープ・ラボ代表／日本オ
フィス学会 オフィス家具研究部会)

鯨井 康志
(オカムラ ワークデザイン研究所／日
本オフィス学会 学会誌編集委員・企
画委員)記

松岡：1999年に発足した日本オフィ
ス学会は学会誌を年2回16年間発
行してきました。毎号に投稿される
査読論文が溜まってきましたので、
その一部をわかりやすく一般の方向
けに紹介するとともに、オフィスの空
間・技術・道具に関する最新情報と
知っておくと役立つトピックスを併せ
た書籍を制作することになりました。
その最後の章では、これからのオフ
ィス環境がどうなっていくのか、オフ
ィスづくりをどのよう変えていくべき
なのかを議論する座談会を行って全
体を締めくくる予定です。

　今回の座談会にお招きした田辺先
生は、早稲田大学で建築環境学の
研究を通じてオフィスの環境につい
ても多くの知見をお持ちになってい
ます。初めに先生から最近の研究内

容についてお話いただき、それをベ
ースにして書籍の企画・執筆に携わ
る私を含めた4名の編集リーダーとの
意見交換をしていきたいと思います。

田辺：今日はお招きいただきまして
ありがとうございます。私の研究室で
は、いわゆる脱炭素のような省エネ
と、快適とか健康などの両面の研究
を行っております。エネルギーのこと
をやっていると光熱費の削減が大き
な関心事になります。東京にある建
物だとオフィスの賃料を10とすると光
熱費は1ぐらいしかないんです。そこ
で働いている方の人件費は100にも
なります（ **スライド1** ）。それで、クー
ルビズには賛成だが室温28度設定
っていう環境省の推奨に私は反対し
ていました。見方が一方的だからで
す。その後、環境省は変わってくれ

208

スライド1 人事資本は重要

人件費:	100
オフィス賃料:	10
光熱費:	1

たんですけども、室温28度にすると快適温度に比較して約６％働けなくなるという科学的論文を出しています。

この記事（**スライド2**）はとても嫌いだからこそいつも出すんですけれど、本社はお金を生まないから立派すぎるオフィスはいらない、売り上げに直結しないところに必要以上お金をかけているのではないかと疑いの目で見られている記事です。物流センターとか店舗とか工場とかだったら設備投資だから認められるけども、社長としての資質や経営姿勢が問われるって書いてあります。要はオフィスで働く人には投資しない方がいいってことが書かれている。だけど「頑張れ」という掛け声だけでは生産性は上がらない。反論するには科学的な検証が必要ではないかと考えてきました。

ある会社で家具を入れ替えたり環境性能を上げたりしたことでどのくらい働きが変わるのか４つの条件の下

スライド2 本社の新築は危ない！（日経BizGate）

> ✓ 「本社はおカネを生まない設備」だからです。立派過ぎる新社屋や華やか過ぎる新オフィスは、「売り上げ増に直接的に貢献しないところに、必要以上におカネをかけているのではないか」と疑いの目で見られるのです。
>
> ✓ これが工場や物流センター、店舗網などなら、純粋に「設備投資」の視点でチェックされる。
>
> ✓ 社長としての資質や経営姿勢が問われることになるのです。

人の知的生産性には投資をしない？

頑張れでは駄目、科学的な検証が必要

オフィス環境満足度と主観作業能力[1]

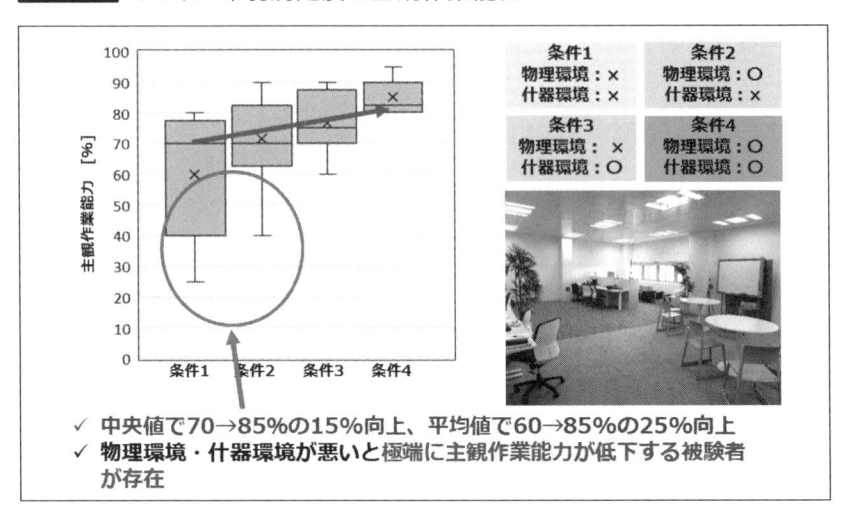

で実験してみました。条件1は物理環境が悪くて、什器も悪い。もともとこのオフィスで使っていた什器を持ってきまして、物理環境は暑くて暗くてみたいな状況です。条件2は物理環境だけよくしたもので、いわゆる快適なオフィスにするために輻射空調をやったんですけども、什器は前のままだった。3番目はやっぱり少し暑いんだけど、什器はすごく良い最新の質の高いものに入れ替えた。4番目は、物理環境も快適に整えて、什器も整えてっていう状況です。それで、それぞれの条件下で「あなたはどのくらい働けますか」っていう主観評価をしてもらう実験をしました。

そうするとやっぱり物理環境も什器環境も悪いと、極端に主観能力が落ちる人が出てくるんです（ スライド3 ）。頑張れる人は頑張っているので平均値はそんなに落ちてないんだけども、極端に主観作業能力が低下する被験者がいることがわかりました。物理環境と什器環境を良くすると、主観作業能力が悪い人が少なくなったっていうふうにとらえていまして、やっぱり、省エネで環境を悪くしたり、良くない什器のままだと極端に主観作業能力が低下する被験者がいる。オフィスにちゃんと投資すればよく働けるんだってことが証明されました。この結果を受けてこの会社はちゃん

スライド4 健康とウェルビーイングの将来[(2)]

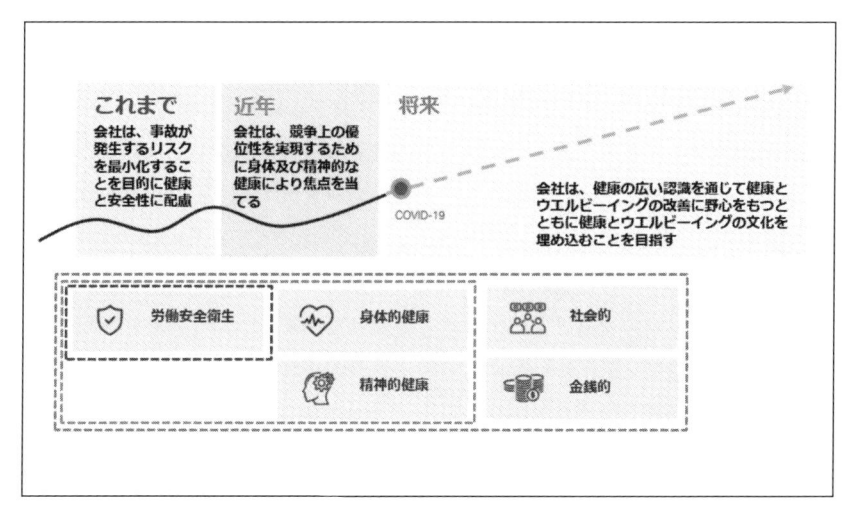

と両方やりましょうってことになりました。

WBCSD（持続可能な開発のための世界経済人会議）がレポートを出しているんですけども、少し前まで会社は事故が発生するリスクを最小化することを目的に健康と安全性に配慮した工場的な考え方をとっていた。事故がないとか、現場に問題はないとか、いわゆる労働安全衛生ですね。近年ではISOやJISの規格もできていますが、競争上の優位性を実現するために身体・精神的な健康、いわゆるメンタルヘルスにも焦点を当てるようになりました。これまでの身体的な健康労働安全に加えて身体的な

健康にメンタルヘルスの考えが入ってきたということです。コロナ禍後の将来は、テレワークですとか働き方が変わってきて、会社は健康の広い認識を通じて、ウェルビーイングの改善を目指していくべきではないかとのことです（**スライド4**）。ウェルビーイングの定義って結構難しくて当てはまる日本語が正直ないんですね。幸福感とか訳すことがありますが、ハピネスとウェルビーイングは違うってアメリカ人の友達にいわれました。どんな感じって聞いたら、ハピネスは今幸せって感じだそうです。今すごくお金もあって充実している。ウェルビーイングは、死ぬ前に俺の人生よかったみ

たいなのがウェルビーイングだそうです。そうすると、今までの自分の身体と精神的な健康から社会的な健康、要はオフィスとか会社、住んでいる地域でコミュニティがどんなふうにつくられているかといったことが大事になってくる。特にサンフランシスコやニューヨークなどの米国都心部は、コロナ後のオフィスはガラガラで、8月行ってきましたけど、まあまあ悲惨な状況です。サンフランシスコに至ってはものすごく高級だったオフィス街に人が来なくなって、ところどころでたき火しているし、デパートなんかも閉めちゃっています。カフェも全然駄目になっています。逆に少し郊外の緑があるようなところがコミュニティの中心なっています。米国バークレーの国立研究に行ったら2割の人しかオフィスに来ていない。住宅の値段が高騰して若い人がベイエリアに住めなくなっているそうです。テレワークでは、立ち話やちょっとしたコミュニケーションができなくなる。シニア研究者は、イノベーションが起きないのではと心配していました。日本では8割程度出社に戻ってきているので、状況は違います。もう1つはジャスティス（正義）です。同じ仕事に対して金銭的に不平等にならないこ

とや多様性を認めることが重要になってくるだろうといわれています。

　話は変わりますが、研究室では長らくオフィスの環境調査をやっています。最近はCASBEEのオフィスの健康チェックリスト簡易版（CASBEE-OHC）を使ってオフィスワーカーの方にオフィスのウェルネス評価をしてもらっています。このチュックリストは9つのポジティブ要因と7つのネガティブ要因で構成されていて、簡易版ながらオフィス環境をうまくとらえられるものになっています。

　このリストを使ってすでに40社ほどのオフィスを評価しています。40の調査事例の評価結果を点数の低いものから並べたものがこちらです（**スライド5**）。点数の高いオフィスは、みなさんが雑誌などでご存じのオフィスなどで、低いものには古い公共建築などが含まれていたりします。

　我々の方で企業などから調査依頼を受けるとこの中に対象オフィスをプロットしてお返ししています。さらに、調査事例の平均点に対してどういうところが高いのか低いのかがわかります。あるオフィスでいえば、ネガティブ要因はあまりないんだけど、ポジティブ要因のリフレッシュスペースが少ないとか、会話を促進するような

スライド5 CASBEE-オフィス健康チェックリスト簡易版の結果①[(3)]

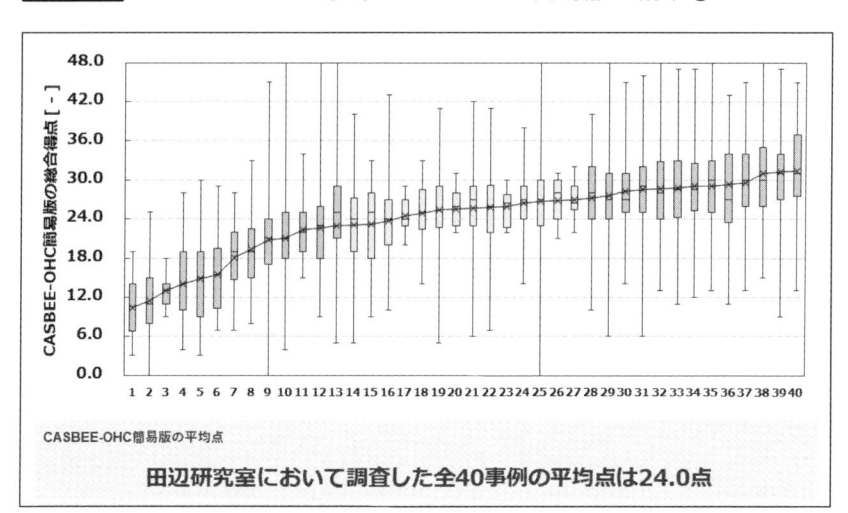

CASBEE-OHC簡易版の平均点

田辺研究室において調査した全40事例の平均点は24.0点

空間があまりないとかがわかるのです。新しいオフィスをつくるのでしたらこういうところを改善されたりした方がいいですよと、評価の点数を上げるためのアドバイスも行っています（**スライド6**）。

最近はワーク・エンゲージメントについて考えだしています。人的資本が重要だからです。ワーク・エンゲージメントの尺度についても先ほどのウェルネスと同じように聞くことを始めました。こちらは活力と熱意と没頭で構成されています（**スライド7**）。最初研究し始めた時に、良いオフィスだったらワーク・エンゲージメントが上がるんじゃないかとの仮説を

持って始めたのですが、必ずしもそんなに上手くはいきませんでした。いい場所だけを提供するだけではどうも難しいようです。

それでもこのワーク・エンゲージメントの評価と先ほどのウェルネス評価の結果を併せて分析してみたら面白いことがわかってきました。7つのオフィスの結果を建物利用者の健康性や知的生産性を評価するCASBEEウェルネスオフィス（CASBEE-WO）の点数順に並べてみると、あまり良くないオフィスでは、やる気のある人上位2割とそうではない人8割を分けると、やる気のある人もやる気のない人もあまりオフィスに対する評価が変わ

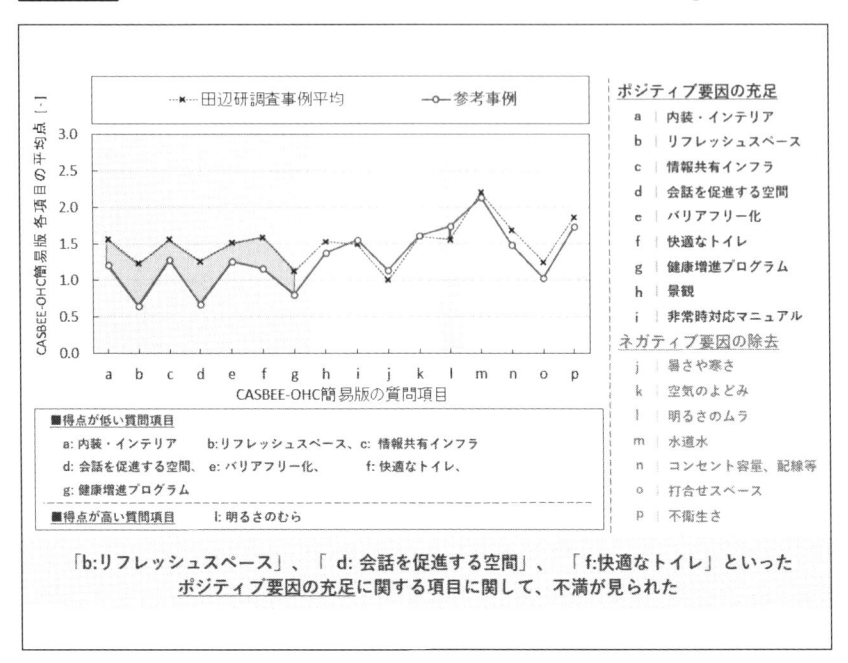

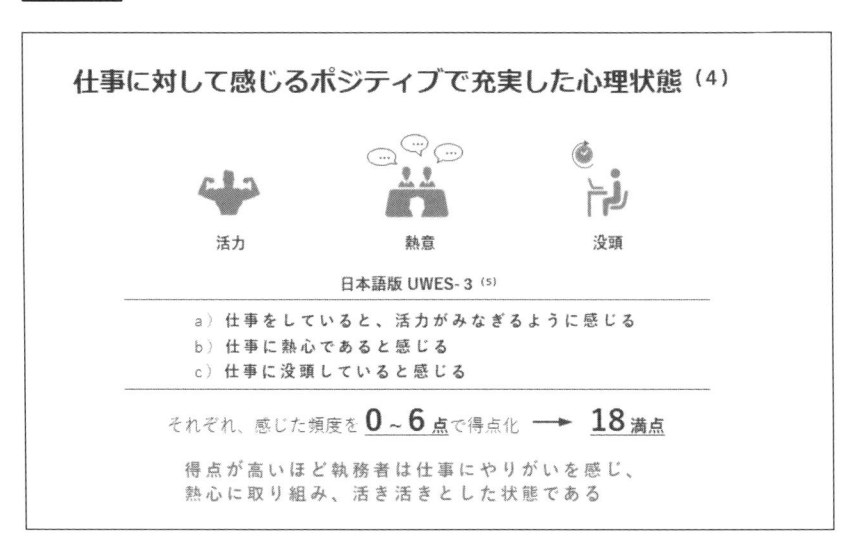

スライド8 ワーク・エンゲージメントの分類とCASBEE-OHC

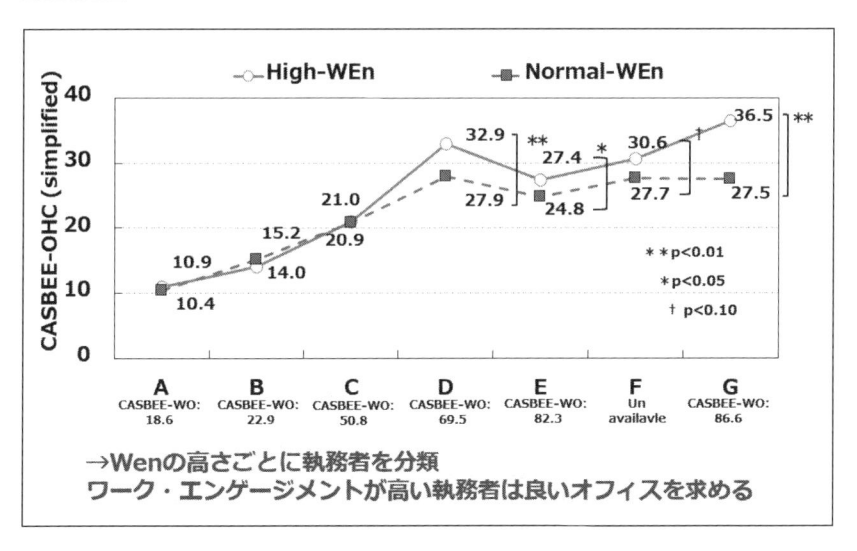

らないんですね。一方、CASBEE-WOの得点が高いオフィスでは、ワーク・エンゲージメントの点数が高い人はオフィスの満足度も上がっていることがわかります（**スライド8**）。ワーク・エンゲージメントの高い人には最新鋭の良いオフィスはよく作用するのです。イノベーションだとか傑出したような人にもっと働いてもらおうとすると、最新の新しいタイプのオフィスは極めて優位なものを持っているんじゃないかと考えています。

カリフォルニア大学バークレー校はオフィスの満足度調査で世界一データを持っています。900以上のビルで9万人ぐらいのいろいろな満足度の調査をしています（**スライド9**）。その調査結果によると、満足が高い項目もあるんだけども低いのもある。コミュニケーションは75％が良いといっていて、ワークプレイスに満足している人は68％なんですが、温度に不満足な人は39％ぐらいいて、サウンドプライバシー、日本でいうスピーチプライバシーは54％ぐらいが不満足だといっている。やはり満足度をしっかり上げていくことはオフィスの価値につながります。

オフィスでは男性以外に多様な人が働くようになりました。2015年

カリフォルニア大学・バークレー校の調査[6]

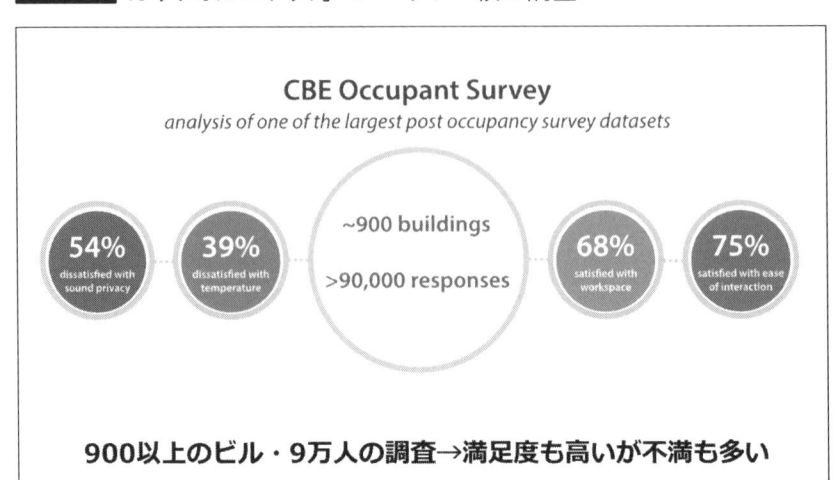

にオランダの医学者が詳細に代謝量を測定してみたら男女でかなり違うことがわかってきた（ スライド10 ）。Nature系の雑誌に論文が掲載されたことで大変話題になりました。その論文を受けて米国の空調学会（ASHARE）が男女均一温度設定を勧めているのは間違っていると報道がありものすごく沸騰しました。代謝量測定器が比較的安価になってきたので、それでも車1台分ぐらいですが、私の研究室でも購入して測定をしているんです。男女や年齢、オフィスの中でストレッチとか歩いたりすると代謝量はかなり違うことはわかってきて、むしろ温度ムラは必要なので

はないかといった議論も始まっています。画一的なところで画一的に働くのではなく、ワーカーの能力を引き出すためには多様性に配慮したワークプレイスが必要です。そのことをバックアップするようなデータを揃えるための実験をこれからも進めていきたいと考えています。

松岡：田辺先生、大変有意義なお話をいただきありがとうございました。ここからは先生からのお話をきっかけにして意見交換をしていこうと思います。

スライド10 多様な人々の代謝量測定[7]

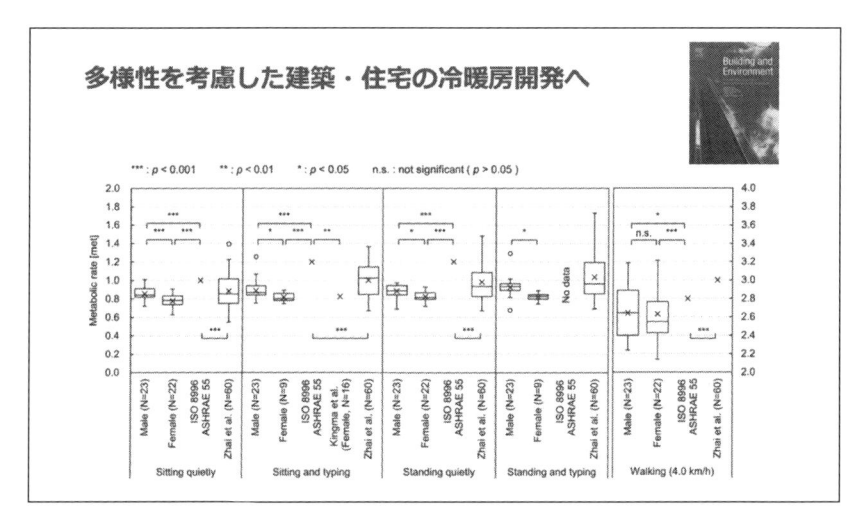

良いムラの発生

鯨井：空調っていつの時代でも、ワーカーに満足度を聞くととっても不満の高い項目で、最後のスライドにあったように個人差がとてもある。多様性に対応しないといけないということで個別空調といった技術もでてきましたけど、ただ、技術的にできてもコストがすごくかかるとか、メンテナンスが大変だとか、レイアウトを簡単に変更できないといった課題があって普及させるのはとても難しい。そうこうしているうちにフリーアドレスとかABWで、自分で席が選べる運用が出てきて、暑いなと思った人は涼しいところを、寒い人は暖かいところ選んで働くことができる。そんなことが本当に起きていて、席を選んで働いている私のオフィスでも「どうしていつもこの席で働いているの」と訊くと、「ここが涼しくて快適だから」と答が返ってきたりします。これまで日本のオフィスビルは室温を均一につくるというのが常識で、照明も同じように均一なるように設計されています。オフィスビルのこういう常識は変えていかなければいけないと思いますが、そのあたり先生はどうとらえていらっしゃいますか。

田辺：おっしゃるとおりで、最近我々は新しいムラの概念といっていて、以

前は均一にすることが一番の至上命題だったんですが、わざと空間にムラを作るみたいなことを考えています。ただ、外皮の性能が悪くてできてしまったムラだといわれないように、ちゃんとファサード性能とか外皮の性能をよくして、そこにムラをつくっていかないといけない。多様性に向けてそういった概念は非常に増えてきていますね。空調設備って褒められないわけですよ。あって当たり前の品質なので、素晴らしくてもすごいねとはなかなかいわれない。家具のデザインだと魅力品質に近い、機能性が満たされていれば、デザインで魅力はどんどん増す。褒められる側が非常にしっかりしていますけど、空調設備はクレームがあるときだけ怒られて、ちゃんといっていても褒められない損な役回りですね。

地主： 今のムラの話と関連するかもしれないのですが、オフィスビルは、登場以来、均一な環境設計を試みてきて、結果、デスクプランも均一なものが求められてきました。しかしながら、現在ではワーカーの自律化が進み、結果、デスクプランも自己組織化されていくであろうと考え、1998年に雑誌に発表しました。その時考えたのは、ワーカーが自らの居場所を自ら組織化、カタチ化するとき、前提として何を求めて集まってくるのか、というものでした。おそらくは、それは情報であり、電源であり、照明であり、空調であると考えました。これらをまとめてフレームに入れ込み、それをコッホモジュールという自然界にある自己組織化的に連なる方法で蛇行させながら設置します。すると、これは自然界であれば川みたいなもので、川が流れればそこに動物たちが集まり、人が集まり組織化します。前提に川があれば、その"川辺"に組織を自発的に形成していくと考えました（**図1**）。すると、出来上がった空間は粗密でまばらなものになります。さらに、当時のネットワークは有線であり、現在は無線なので、組織化されたチームは常に流動的で、アウト・オブ・コントロールなものとなります。このように考えると、ワーカーが自己組織化的に"場"を選択することと、ムラをつくっていくという関係をどう考えるのが問題となるかと思うのですが、いかがでしょうか。

田辺： 昔は空調を均一にする方が難しかったんです。空調の歴史は、暖房は4万年とすごく古いんですけど、冷房はまだ百数十年しか経っていないんです。映画館の暖房用マッシュ

図1 自己組織化するオフィス
雑誌『SD』1998年10月号

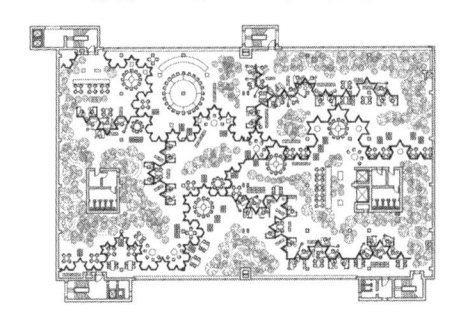

ルーム吹出口を利用して、そこから冷気を吹き出す空調にしたら足元が冷えてものすごく不快なものになってしまったんです。身体の一部だけ冷えるとかをなくすように均一を目指してやってきのです。しかしながら、今の働き方とか、情報のあり方とか、そういう背景が変化してきて、全員一緒じゃなくてもいいんだっていう方向性が出てきたんだと思います。

松岡：今の話からワーカー同士の弱いつながりがあることによって強いつながりが生まれるというSWT理論を思い出しました。日本の伝統的組織のようにヒエラルキー型の強いつながりを求めていた時代から、ソーシャルネットワークに見るように弱いつながりが広く結びついて価値を生み出す時代、つまりワーカーが自律的に自由に動ける時代にもう今は完全

になっていると思います。そのなかでもう1つストラクチャー・ホール理論というのがあります。その弱いつながり同士をつなげるキーマンというか、そのノードが必要になってくる。それが場所だったり人だったり、いろんな形で結節点が出てくるんだけど、それが組織構造の穴と呼ばれています。たとえば、オフィスの中にも人なのか、飲食ができる場所なのか、情報発信するモニターなのかわかりませんがそういう結節点に人は集まっていくんだと思います。そこでの出会いに強いつながりが生まれる。1つの例として、米国のGoogle本社では大食堂にたくさんのワーカーが集まってフリーランチを食べながらコミュニケーションとることを大切にしています。つまり食堂がこの組織構造の穴の役割をしています。いろいろなところに分かれて働くんだけれども、そういう人を集めてつながる仕掛けっていうのは意味がありものすごく効いてくるんだと思います。

自己組織化と自律性

地主：今の話に関連していうと、最近の僕のキーワードで"to LOVE"っ

ていうキーワードがあります。これはもともと記号学者のロラン・バルトが使った言葉で、彼は"to LIKE（ストディウム）"と"to LOVE（プンクトゥム）"という概念を使って、写真の見方を説明したんです。写真の見方には2種類があって、たとえば、おばあちゃんの写真を見せて、一般の人はただ年老いた女性というイメージとしか読み取らない。でもそれが私にとって愛した大事なおばあちゃんの写真だったら、私には特別な写真となる。教養的に読みとく"to LIKE"は前者で、私的な感情が入ると、それは変容し後者の"to LOVE"になるわけです。そうやって空間を考えていくと、たとえば現在、ABWとなり、どこでも働いていいよって話になった時に本当にどこでもいいのかって話になってくるんですよ。つまり、好きなところで働いてごらんっていったときに人々は、適当に場所を選ぶのではなくて好きな場所、つまり、ここじゃなければ駄目という場所を選択しているはずなんです。

　そうやって考えていくと、いつでもどこでも誰でも働けますっていいながら、その実、その人その人の特別な場所が生まれてくるっていう話になるんです。すると、ABWというのは、

その"to LOVE"な場の集合体になってくる。問題はどうやったらそのおばあちゃんの写真的な空間を提供するかって話なんです。そこに多分これからのデザインのヒントがあるんじゃないかなと思っています。さらにいえば、"場"にいかに"私"を組み込められるのか、という問題かと思います。

松岡：建築現場の足場のパイプでオフィスを作っている日本の企業もありました。見学した時には驚きましたが、どうも自分の居場所を自分たちで自由につくっていいよということだそうです。自由度を優先させてくれる。自分たちで自由にやっていいよというので、DIY感覚で好きなように鉄管でデスク周りや収納棚を作っちゃったみたいな。

田辺：日本のオフィスビルだと完了検査を受けないといけないから内装まで仕上げちゃいます。アメリカだとスケルトン渡しで空調も配管止めにしてあるので内装を自由に設計できて入居者がかなりBC工事しています。地主先生のいわれるto Loveが生まれてくるように思います。私は現状のスケルトンインフィルを環境的な側面からも評価する方がいいと考えています。それは、エンボディドカーボンと

いう材料の持っている CO_2 の話がとても大きくなってきているからです。新築で入った時に企業が、個性や to LOVE な空間を生み出すためにはいったん内装を行い、完了検査を受けた後で、それを剥がして改装をする必要があります。新品の床材や天井材などが全部捨てられてしまうのです。将来的にはその無駄がなくなるようにして個性を出していく工夫をしていかないといけないと思います。

松岡：これには日本のファシリティマネジャーや総務側にも問題があって、標準内装仕上げでオフィスを引き渡され、壁床天井ができているから後は机と椅子だけ持ってくればオフィスができてしまう、という文化をつくってきました。そんな画一化の1つのモデルがあって、日本だけ特殊なオフィスマーケットを形成してきてしまった。そのなかで急に欧米みたいなことをやれといわれても、そういう知識もないし経験もないし見たこともないのでスケルトンインフィルの対応が難しいんです。あと法律の問題もあります。貸方基準とか契約の仕方だとか原状回復義務があるとかが欧米とは全然違うじゃないですか。そういう法律自体も変えなきゃいけないと思います。

均一性を増長する制約

地主：法律もそうなんですけど、考え方自体に誤解があって、もともとミースとかコルビュジエが目指していた均一空間は「自由な平面」のためだったんです。つまり、好きなように壁が立てられるように構造的には空間を均一状態にしときましょう、というのがもともとの発想だった。ところが日本に入ってきた時に、この均一モジュールの中で壁を建てなさい、というルールに変わった。特に日本ではスプリンクラーが大きな問題で、それをモジュールに組み込んだ結果、区画整理されることになった。そういった均一の考え方に対し、何を目指していたのかをしっかりと問い直さないと、たぶん変わらないという気がします。

松岡：オフィスやオフィスビルが生産工場的な考え方だったから画一的につくってコストダウンする方向に進んでしまったという経緯もあったんでしょう。

地主：そうですね、加えて、建築モジュールと家具モジュールが合致してないのも問題です。霞が関ビルをつくった時に3200モジュールがつくられました。地下駐車場をつくるための車の回転半径、そしてスプリンクラ

ーの性能限界を考慮して決められたのですが、人間の身体モジュールとは関係なくつくられた。その一方でオフィス家具は身体スケールを基本とする原則900モジュールでつくられています。建築も本来、身体スケールの延長であるはずなのに、建築と家具とでモジュールの思考方法が乖離している。もっといえば、日本では歴史的に、建築の設計者とインテリアデザイナーの間にはヒエラルキーがあったのも問題です。先に完成されたオフィスがあり、それを後から、制約の中でつくり込んでいく。結果、表象的なデザインで終わることが多く、戦略的なデザインができていない。それでは駄目で、建築と家具、インテリアはトータルで考えていかなければなりません。

松岡:地主先生は、今あるオフィスを壊してもオフィスを多様化していくべきだと考えていますか。

地主:先ほどいいましたとおり、インテリアは建築に従属する関係と考える人が多いので、たぶん建築から変わらなければ、立場の弱いインテリアは変わらない。オフィス建築、ワークプレイス建築はどうあるべきか問われれば、箱型のビルディング・タイプを捨て、シンプルに床サーフェイスだけにすればいいと思っています。後はそこに住まい、生き、働く人が自らつくり込んでいく。それをどうやって法的にクリアするのか、そういうところを根本的に考えていかないと、たぶん何も変わらないと思います。

岸本:インテリアが建築側から受ける制約について、先ほどのモジュールの話に戻りますが、家具のモジュール体系にはシェルター系とアーゴノミー系のモジュールがあるといわれます。オフィス家具の場合は、もう1つペーパー系のモジュールもあります。たとえば、デスクの引き出しにA4サイズを納めるためにワゴンの幅が400ミリあったり、建築系モジュールを基につくられた900ミリ幅のキャビネットの中にA4やA3をいかに効率よく納めるか考えたりしていました。ですが今ペーパーレスの時代を迎えてペーパー系のモジュールに縛られることは減ってきています。

また、建築モジュールに従って家具のレイアウトをする際には床のアップコンセントとの位置合わせが必要でした。でもワイヤレスになってきたので、こちらの制約もなくなりつつあります。ですから、建築側で空間さえ用意してくれればいい。モジュールなんていくつでもいいから柱だけ少な

くしてほしいといった感覚が生まれています。

　さらに制限といえば、文化的というか経営的な制限もあります。たとえば、偉い人は偉く見えなきゃいけないというステイタスの表現とか。でもこちらについても、エンプロイーとエンプロイヤーの関係も変わってきていて、働き手の側の力が強くなってきている。このことを利用してうまくやろうとすると、先ほどのDIYの話に行き着くんです。雇い主と社員、或いは環境を与える側と使う側の関係を良いものにして、柔軟にやっていく土壌はそろいつつあるのかなと思います。ただ、自律的に働く場をつくるとき、適切なデザインにするためには、働き手自身の環境リテラシーも重要になるので、単に自由に任せておけばいいわけではない。ユーザーのカスタマイズ行動を誘うデザインや、環境リテラシーを身につけてもらうような参画型デザインプロセスの導入も必要だと思います。

▌Z 世代に夢のある「場」を

松岡：先進的な経営者は、田辺先生がやっているESGの取り組みはもうありきですし、環境に対する戦略の問題もそうだし、人的資本経営はどうするかも含めて、かなり上位の概念を考えるようになっています。そのことが現場の人たちのところに降りてないんだと思う。両者の乖離が今どんどん広がっているように思えます。その人たちがオフィスの中でどう働くのかを問われても、働き方や働く場に関する先端情報を何も知らないという状況がずっと続いているんです。このままだと乖離はもっと進んでいく気がして、働く人にもっと教育しないといけないんじゃないかな。

地主：おっしゃるとおりです。世界中の識者がこれからのワーカーは自律化するっていっておきながら、たぶん日本はレベルが一番低い。自律化するってどういうことなのかをしっかりと社会が教育しなければいけない。日本のような儒教文化の世界では、ヒエラルキーをちゃんとつくって偉い人は偉いなりに、そうじゃない人はそれなりにという世界観が根づいている。そのなかでいかに自律化するのかという独自なやり方を考えていかないと難しいと思います。

田辺：若い人が減っていて、何をしてどの分野に行けば自分らは良くなるかとかいうことがなかなかわからなくなっています。会社や社会が自分を

成長させてくれるかという価値観を持っています。みんな成長、成長って言う。学生には、入社してコンビニより高い時給をもらって勝手気ままに自由なことができるわけではないぞとは伝えています。仕事のなかでどうやって達成感が出せるかとか成長できるのかってことがとても大きな問題なのです。右肩上がりを経験していない世代がほとんどになっているからかもしれません。社会も人が重要だということを認識しだしたのですが、今の人的資本経営の評価のなかにオフィス環境は入ってないんですよ。それは、オフィスやワークプレイスが人的資本や成長に影響があるという認識がまだ薄いからでしょう。だけどワークプレイスって重要ですよね。だからぜひ運動としてやりたい。

松岡：ああ、ぜひやりたいですね。田辺先生がご覧なって今の若い子たちのマインドってどうですか。真面目ですか。

田辺：真面目、真面目。学生は。我々が学生のころより明らかに勉強しています。真面目だし、自分を律している。やっぱり世の中が本当に厳しくなっているから。我々だったら飲んだくれたって何とかなるって感じだったけど、何とかならないと思っている

からね、ちょっとかわいそうですよ。

松岡：とすると、メンタルを病んだりすることもあるんですか。

地主：うちは美大ですが、美大って普通ハチャメチャだったじゃないですか。でも今の学生はみんな本当に真面目できっちりしている。だからなのか、その反動、抑圧からなのか、心を病む学生が多いです。これが世界的な状況なのかどうかわからないけど。特に日本はそんな傾向が強いんじゃないでしょうか。

岸本：何年か前にデロイトが発表した、全世界のミレニアル世代の仕事に対する価値観や帰属意識などの意識調査によると、国別に見たときに日本は他に比べて安定志向が強かった覚えがあります。考えてみたら日本のミレニアル世代は物心ついたときから不況ネイティブ。他国でデジタル革新が進んできた間も、失われた10年20年30年といわれるなかで、親世代が苦しい目に遭っているのを見て育ち、自身が大人になってからもそんな状況を実感していたのかもしれません。

デジタルネイティブで個人主義的といった本質部分の志向は共通だけど、社会状況が日本は違っていて積極的に力を発揮できにくくなっている

んじゃないかなと。そんな流れは次のZ世代にも引き継がれているように思います。

田辺：それを打破するような人たちが出てきているから、そういう人たちに期待したいですね。

岸本：夢を持ちにくい人たちをすくい取るデザインをするのと、突出して引っ張る人たちをターゲットにして後押しすること。やっぱり両方やらなきゃいけない。でも日本はどっちかというと「出る杭を打つ」傾向が強かったけど、むしろその出る杭になる人たちをうまく後押しすれば、それが全体を引っ張ってくれることもあるはず。

田辺：あと建築でいうと、とにかく瑕疵だとか極めてうるさくなっています。もちろん致命的なものは困りますが、イノベーティブなら本来は多少の失敗があっても許されていいんじゃないかと思います。イノベーティブな建築をやれといわれて建てたのに、ちょっとでも瑕疵があれば損害賠償するぞとなる。そんなことだから、計画や設計にも余裕がなくなっている。そして、必要以上にチェックリストや書類ばかりが増える。何かもうちょっとイノベーティブなことが許される土壌がないと、がんじがらめになっていく気がしています。大学での研究でも

書類ばかりが増えて新しいことを行う気力が下がっているように思います。

松岡：だから貸方基準をいわゆる居抜きでも渡せるぐらいに変えてしまえばいいじゃないかと思っていて、昔だったらビル側やデベロッパーが原状回復義務を負ったので、その部分を保証しろといって訴訟が起きたんですけど、今では居抜きでいいから貸してくれという時代になってきている。その方が環境にもやさしい。そういう意味ではもっと自由度を上げていかないといけないし、両者をマッチングするサービスなどの仕組みも変えていかないといけない。

在宅勤務の明日を考える

岸本：働く場所ということでいうと、オフィスビルだけではなくなってきています。オフィスであればまずは働くのにふさわしい環境を整えればいいのですが、自宅での在宅勤務環境を考えるとなると、普通のマンションでは電源コンセントが足りないとか、家族がいれば生活に必要な環境と併せて考えなければならなくなります。そのあたりについて田辺先生はどのように考えておられますか。

田辺：アメリカでは家が広いので、自

宅でテレワークしていてもあまり問題になっていないようです。でも、狭い日本の家ではそうはいかない。オンライン会議での音の問題とかがあります。私が家でオンライン講義していると、脇で洗濯をしていた奥さんが「あなたもたまにはいいこといってんのね」みたいなことが起こる（笑）。問題になっていないうちはいいのですが、日本の家屋で働くのに適した物理的環境を整えるのはなかなか難しいと考えています。

地主：他にも日本固有の問題があって、戦後日本の家屋、特にマンションが3LDKに収斂（しゅうれん）していく過程の中で、そこはミニマムな家族のためのプライベート空間になっていったんです。なので、パブリックな機能は排除されました。なおかつ靴を脱いで上がる文化があるため、閉じたプライベート空間という意識は高まりました。そこに現在、突然、働くというプログラミングが加えられたとき、大きなコンフリクトが生まれた。たとえば、うちの女子学生の父親がグラフィックデザイナーとして独立してマンションの一室をオフィスにすることになった。そうしたら娘が喜んで「それってホームオフィスじゃない。かっこいいお父さん」とかいっていたんで

すけど、その後、彼女は、はたと気づいて「ちょっと待ってお父さん、うちがオフィスになるってことは、もしかして私の知らない人が打ち合わせに来て、うちのトイレで大きい方も使うわけ？」と問うので父親が「まぁ、そうだね」と答えると「そんな気持ち悪いこと私耐えられない」といって許さなかった。それで結局、父親は近くのアパートを借りてオフィスにしたんです。これは笑い話ですが、これこそが日本の住宅事情だと思うんです。住宅を本当にホームオフィスにするのであれば、単に、パソコンラックとオフィス・チェアを置くだけではなく、日本の住宅のリプログラミングが必要になると思います。今でも下町とかに行くと、日本家屋の玄関脇に洋館風の部屋が付随する家がありますが、あれは明治、大正時代、外国人を招き、コミュニケーションするための部屋で、靴も脱がず入れる配慮がなされていました。そのような、パブリックな機能をどうプログラミングしていくのか、ハイブリッドは働き方時代のテーマの1つだと考えます。

松岡：コロナ禍で強制的に在宅勤務になった時、総務部は不介入だったんです。誰がタッチするかというと人事でした。それは労災が出たときや

家で問題が起きて病気になったとき会社が訴えられる。そうすると人事が出てくる。あと関わってくるのは、パソコンや通信のサポートをするITの管理部門ぐらい。そもそもオフィスをつくっている総務部が在宅勤務にノータッチなんですよ。多様化するオフィスの場があっても、その総務という管理者が全体を見ているわけではないのは大きな問題だと思います。

地主：働き方改革って単にパソコン持って好きな場所で働ければいいって話じゃなくて、社会全体が変革しないと駄目ってことですよね。それをまったくやってこなかったし、今でもやってないっていうのは大問題。それをちゃんと私たちが発信して変えていかない限りたぶん何も変わらない。

働く「場」が遍在する時代

松岡：これからは、近隣や地域も含めて、いろいろなところにオフィスがあって自然と共生していくと提案している人がいます。

田辺：新しい時代の人には、いわゆる画一的なオフィス空間だけじゃなくて在宅も含めて、ワークプレイスは極めて重要になっているのに、人的資本経営の評価レポートに出てこな

い。やっぱりそこにちゃんとオフィス学会はちゃんと意見をしなくてはいけないのではないでしょうか。あまり場所や環境のことをいっていないので、何か1項目でも入ればと思います。

岸本：ネットワークにつながっていればどこでも仕事はできるといって仕事が分散するということは、人間の身体が分散すること。どんなにバーチャルで物事が起ころうと、そこには常に身体がある。身体があるかぎり、食べることもするし排泄もするし、休むだろうし、睡眠もとる。置かれた環境をリアルに感じ、影響も受ける。だから仕事活動とともに身体が分散していくことと、その分散先の場所や時間において身体をどう支えるかというのも、デザイナーはしっかり考えなければいけないと思います。オフィスが減ったといっても人間が減ったわけじゃないんですから。

　オフィス不要論がいわれたりしましたけど、あれは専用の固定的なオフィスがいらないということで、逆にいえばどこでも仕事をするのだからどこにでもオフィスが必要だということです。建築家やインテリアデザイナーはその遍在している側の対象もオフィスと認識してデザインしていかなければいけません。

鯨井：働く場が遍在したときに企業側が従業員に求めるのは個々のワーカーの自律性。ですが、日本人は自律性が高い民族とは思えません。自分からことを起こすのをためらう人が多いように思います。日本には定食というあらかじめ用意されたセットメニューがあって、私たちはその便利さに慣らされています。個々のおかずをピックアップして自分のプレートをつくるのを面倒に思う人は少なくないと思います。とすると、先ほどの"to LOVE"なオフィスの話に戻すと、いろいろな働く環境要素をチョイスして"to LOVE"なオフィスを自らがつくりあげるのは得意でなくて、むしろセットされている"to LIKE"的なオフィスを選択する方が楽でいいと考える国民性なのかもしれません。もっと自分だけの"to LOVE"なオフィス、"to LOVE"な個人が働く空間をつくれるような状況にしていかなければなりません。まずは、オフィスをつくる経験をしてもらうところから始めてみたらどうでしょう。そこには個人を対象に相談に乗ってくれるスタイリストみたいな人が必要になるのかもしれません。

これからの働く「場」

松岡：最後に今日の議論を振り返って、これからの働く「場」について1人ずつ意見をいって座談会を締めくくりたいと思います。

地主：2023年度版のギャラップの調査で、日本のワーカーが自分の職場にエンゲージメントを感じているか否かに関し、5％しかエンゲージメントを感じていないと報告しています。これは、世界平均の23％、OECD加盟国平均の20％に比べて実に4分の1の数値です。しかも、日本は過去10年を比べてもほぼ横ばいです。たとえば2012年を見ると日本は7％に対し、世界平均は13％で、それほど大きな差はありませんでした。とはいえ2倍近く違うのですが……。ところがその後、日本は横ばいを推移し、世界は、右肩上がりで10ポイント上げています。

　ギャラップは、その要因の1つに日本経済の停滞を絡ませながら、エンゲージメントが低いワーカーへのケアをおろそかにしたことが、日本経済の停滞の遠因だと指摘しています。実際、その経済的効果は90兆円と見積もっています。

　このエンゲージメントを高めるケア

の1つがオフィス環境でもあるわけですが、しかしながら、多くは"働き方改革"に注目が集まりました。昨今のデザインというよりは運用を問うABWもその延長だと思います。しかしながら、日本の"働き方改革"は、多くは"働かせ方改革"だったと思います。つまり、視点は経営者側にあり、ワーカー視点ではなかった。その結果が、ギャラップの調査結果にも現れているのかと思います。

　真の"働き方改革"の意識改革と、"場"というかデザインの側から見ると、先ほど話しましたとおり、"私"的なる"to LOVE"な"場"の構築を実現することだと思います。

岸本：コロナ禍以降、日本でもようやくリモートワークが広がり、ハイブリッドワークは定着していくと思います。ただ、日本の住宅環境をオフィス化するには限界があるので、サードワークプレイスの充実に期待しています。組織を越えたビジネスコミュニティのためのハブとなり、企業の拠点としてのコーポレートハブと併せて複数のコアをもつワークプレイスのネットワークが形成できればいいかと。コミュニティハブは都心と郊外のどちらにも必要で、すでにあるコワーキングスペースやシェアオフィスは、都

心型ハブの役割を果たせますが、在宅勤務環境を補完するには郊外にも欲しい。事業として成り立たせるのは難しいですが、たとえば図書館のような公共施設に設置したり、駅周辺の空き店舗の活用を自治体が支援するような仕組みがあればできるはず。

　そして、単に在宅勤務に代わる場としてだけでなく、新たなビジネスコミュニティを生む拠点としても期待したい。郊外型ハブの利用者は主にそのエリアの住人になりますが、都心の異なる企業の勤務者から地元の事業者まで、多様性のあるコミュニティとしての潜在力があります。それを生かして、異なる知識や興味の組み合わせから共通の地域課題を見出すなど、メンバーに合わせてテーマが見出されプロジェクトが生まれる場になればいい。

　今後は、勤務先業務のリモートワークだけでなく、副業や学習のための仕事場のニーズも高まり、さまざまな働く場所が都市に広がるでしょう。そこでは共用環境としての汎用性が求められる面があると思いますが、そこに個別ニーズに応えられる仕組みをどうデザインするか、新しい課題と思います。

鯨井：冒頭で聞いたウェルビーイング

の定義の話ですが、ウェルビーイング を自分が死んでしまうときに「ああ、いい人生だった」と思うという解釈でした。我々はウェルビーイングなワークプレイスづくりを目指したいのですが、そこは、そのオフィスで働き終えた時に、一日を過ごし終えた時に「ここで働けて良かった」と働く人たちがそれぞれに思うような場所。退職した人が1年ぐらい経って「通勤がなくなって良かったなあ」ではなくて、懐かしいなとそう思えるような空間だったらいいのかもしれません。汗だくになった通勤は嫌だったけどあのオフィスでの体験は良かったと振り返ってもらえるような「場」が増えていくことを願いますし、オフィス学会は、企業や個人がそのような「場」をつくっていけるような知見をつくり、広めていく活動を続けていかなければならないと思います。

松岡：今回は田辺先生を座談会にお迎えして変化するオフィス環境やオフィスづくりなどについて、さまざまな視点から大変面白い議論ができました。冒頭のオフィスの環境改善により主観的作業能力が高まるという調査結果は、関連業界へのエールのように聞こえたのは私だけではないと思います。また、先生のご指摘のと

おり、『人的資本経営の実現に向けた検討会 報告書〜人材版伊藤レポート2.0〜』（令和4年5月 経済産業省）では、「時間や場所にとらわれない働き方を進めるための取組」の項目に“働き方”についての記述があるのですが、確かにオフィスのあり方、“場”に対する記述はほんのわずかに過ぎません。脱炭素化やデジタル化などさまざまな経営課題に取り組む経営者にも、オフィスという場の価値やワーカーへのポジティブな影響などをぜひ理解していただきたいと思います。また、その中心にいる多様な次世代ワーカーたちにも経営理念やビジョンに共鳴し愛着を持って働くことの大切さの1つに「オフィス」があることを伝えていきたいと思います。日本オフィス学会としては、ワーカーと経営者が集い、新たな強いつながりを持てる“場”のあり方の重要性についてさらなる研究とチャレンジを続けていきたいと思います。どうもありがとうございました。

(1) 高井、中村、田辺ほか、オフィスビルの物理環境と什器環境が執務者のウェルネスに与える影響、空気調和・衛生工学会学術講演論文集、その1、2、pp.201-208、2018
(2) WBCSDから引用作成：https://www.wbcsd.org/Programs/People-and-Society/Health-and-Wellbeing/Healthy-people-healthy-business/News/WBCSD-and-Deloitte-release-new-guidance-to-help-business-support-health-and-wellbeing-in-the-workplace
(3) 鵜飼真成、千本雄登、村上卓也、鈴木優弥、田辺新一、建物のウェルネス機能とワーク・エンゲージメントに関する研究、日本建築学会環境系論文集、vol. 86, No. 781, 271-278, 2021, 3, https://doi.org/10.3130/aije.86.271
(4) 島津明人、職業性ストレスとワーク・エンゲージメント、ストレス科学研究, Vol.25,pp.1-6,2010.06
(5) Schaufeli, W.B., Shimazu, A., Hakanen, J., Salanova, M., Witte, H.D.: An Ultra-Short Measure for Work Engagement, The UWES-3 Validation Across Five Countries, European Journal of Psychological Assessment, 35(4), pp.577-591, 2019
(6) Graham, Parkinson, Schiavon 2021 Buildings and Cities
(7) A. Nomoto, R. Hisayama, S. Yoda, M. Akimoto, M. Ogata, H. Tsutsumi, S. Tanabe, Indirect calorimetry of metabolic rate in college-age Japanese subjects during various office activities, Building and Environment, Vol. 199, 2021, 7, https://doi.org/10.1016/j.buildenv.2021.107909

おわりに

　本書は、日本オフィス学会としての最初の単行本となります。ここでは、出版までの経緯、そして本書の意義を簡単に述べて"おわりに"にかえさせていただきます。

　本学会は、2009年3月に最初の学会誌を発刊して以来、現在（2024年9月現在）まで31冊の学会誌を発刊してまいりました。そして、その学会誌上で多くの査読付き研究論文を発表しつづけてまいりました。そのような知見が集積されてきた中で、本学会理事会において、それだけの知見が集積されているのに、かつ、学術研究団体として認められているのに、何故、"本"を出版していないのか、という指摘を受け、急遽、出版委員会を立ち上げ、単行本出版に向けて動き出しました。

　動き出したものの、一番の課題は、どのような本（内容）にするべきかでした。学会としての学術的なオフィス学の専門書にするべきか、むしろ研究者ではない一般の人にオフィス学の広がりを知っていただくため、平易な言葉でオフィス学を紹介する本にするべきか。議論した結果、結論から言えば、後者、すなわち、オフィス学に普段触れることがない一般の人たちに向けた本にする方向性を確認しました。

　ここまで読み進めてくれた方はすでにお気づきかもしれませんが、さきほどから、私は「一般の人」という言葉を繰り返していますが、実は、オフィス学とは、確かに"オフィスを考える"学問ではあるのですが、それはなにも専門家が閉じられた密室で研究するようなことではなく、実際にオフィスで働き、オフィスをつくっている方々の問題でもあり、それすなわちすべての人たちが考えるべきことがらなのです。ですから、本書はオフィスで働き、オフィスをつくるすべての人たちに向けたメッセージやヒント、学説であると同時に、実際にオフィスで働く人たちや、それをつくる人たちが新たに書き加

えていくものでもあるのです。

　オフィスとは単なる物理的な空間や場にとどまりません。それは、学際的で有機的に広がる無形な"生きもの"なのです。新しいオフィスをつくる、ということは、新しい働く環境をつくることです。もちろん、ここで言う"環境"とはオフィス建築に例えるならばビル（箱）ではありませんし、地球環境という場合の環境でも環境工学でいう環境でもありません。私たちが"生きる"有形無形な営みのすべてです。

　本書で記述されたさまざまなキーワードは、それ単体では意味をもちません。それらのキーワードが一本の糸であるのなら、オフィスとは、それらの糸で編まれた編み物のようなものです。しかも、それは上述した通り、"生きた"編み物なのです。この編み物をさらに活き活きとした完成形に近づけるために、新たな糸も創出しながら紡ぎつづけるのは、そう、この本を読み終えた読者自身でもあるのです。

2024年9月吉日
日本オフィス学会 副会長／東京造形大学 名誉教授
地主 廣明

執筆者

松岡 利昌　日本オフィス学会 会長／株式会社松岡総合研究所 代表取締役・経営コンサルタント／
　　　　　公益社団法人日本ファシリティマネジメント協会 理事・フェロー
地主 廣明　東京造形大学 名誉教授／日本オフィス学会 副会長
岸本 章弘　ワークスケープ・ラボ 代表
鯨井 康志　株式会社オカムラ ワークデザイン研究所
一色 俊秀　コクヨ株式会社 デザインパートナー／といろデザインスタジオ 代表
井澤 由利子　株式会社イトーキ 企画本部コーポレートコミュニケーション統括部広報課
香山 幸子　株式会社イトーキ ワークスタイルデザインラボ
東田 祐治　株式会社イトーキ 中央研究所
二之湯 弘章　株式会社イトーキ 中央研究所 上席研究員
秋山 恵　株式会社イトーキ DX推進本部 デジタルソリューション企画統括部 デジタル技術推進部
中島 崇博　株式会社内田洋行 知的生産性研究所
中西 真己　株式会社オカムラ デザイン本部 CMF推進室
山田 雄介　株式会社オカムラ 働き方コンサルティング事業部 WORK MILL 統括センター
井上 侑士　コクヨ株式会社 WP事業本部 スペースソリューション本部 スペースソリューション第3部
富嶋 菜々香　コクヨ株式会社 ワークプレイス事業本部ものづくり開発本部カスタマイズセンター
西口 眞由　コクヨ株式会社 ワークプレイス事業本部 ものづくり開発本部 サーフェイス開発部
藤木 武史　コクヨ株式会社 グローバルステーショナリー事業本部 開発本部 技術開発センターデザイングループ
高橋 末樹子　コマニー株式会社 研究開発本部 研究開発課
観音 千尋　パワープレイス株式会社 プレイスデザインセンター
高柳 博成　パワープレイス株式会社 東日本デザインセンター
木綱 英津子　プラス株式会社 ファニチャーカンパニー マーケティング本部クリアトーレ推進室
利重 雄一　プラス株式会社 ファニチャーカンパニー マーケティング本部 商品開発部
野長 兄一　グリー株式会社 コーポレート本部法務総務部 組織法務総務グループ
岡村 正太　株式会社ビーキャップ 代表取締役社長
高畑 正幸

執筆協力者

田辺 新一　早稲田大学 理工学術院創造理工学部建築学科 教授
鷲山 光洋　NECネッツエスアイ株式会社 DXソリューション事業本部 エンパワードビジネス推進本部
大類 亨　NECネッツエスアイ株式会社 ビジネスデザイン統括本部ビジネスデザイン戦略本部
吉井 隆　株式会社NTTファシリティーズ カスタマーソリューション本部
大島 一夫　株式会社NTTアーバンソリューションズ総合研究所 街づくりリサーチ部
奥 錬太郎　カルダー・コンサルタンツ・ジャパン株式会社 代表取締役
木下 洋二郎　コクヨ株式会社 ワークプレイス事業本部 ものづくり開発本部 1Mプロジェクト
平松 宏城　株式会社ヴォンエルフ 代表取締役
小山 暢朗　株式会社ヴォンエルフ 大阪オフィス 取締役 CFO 大阪オフィス 代表

図版クレジット

p.50写真
Studio O+A　マクドナルド本社 インテリアデザイン(情報提供)
IA Interior Architects　マクドナルド本社 インテリアデザイン
Garrett Rowland　マクドナルド本社 写真家(写真提供)

p.178図1イラスト、p.180図2イラスト
Loose Drawing(https://loosedrawing.com/)

オフィスから会社を変える
イノベーションが生まれる空間づくり

2024年9月24日　第1版第1刷発行

編　　　者	日本オフィス学会
発 行 者	中村幸慈
発 行 所	株式会社　白揚社
	〒101-0062　東京都千代田区神田駿河台1-7
	電話 03-5281-9772
	https://www.hakuyo-sha.co.jp
装　　　幀	福田秀之
ブックデザイン	株式会社トンプウ（尾崎文彦・目黒一枝・島崎未知子）
印刷・製本	中央精版印刷株式会社